云南"十四五"
科技创新重大思路研究

路娜 ◎ 主编　　杨晓琼　耿凯 ◎ 副主编

知识产权出版社
全国百佳图书出版单位
——北京——

图书在版编目（CIP）数据

云南"十四五"科技创新重大思路研究/路娜主编. —北京：知识产权出版社，2020.9

ISBN 978 – 7 – 5130 – 7126 – 0

Ⅰ.①云… Ⅱ.①路… Ⅲ.①技术革新—研究—云南—2021 – 2025 Ⅳ.①F124.3

中国版本图书馆 CIP 数据核字（2020）第 157127 号

责任编辑：张利萍　　　　　　　　　　　　责任校对：谷　洋
封面设计：回归线（北京）文化传媒有限公司　责任印制：刘译文

云南"十四五"科技创新重大思路研究

主　编　路　娜
副主编　杨晓琼　耿　凯

出版发行：	知识产权出版社有限责任公司	网　址：	http://www.ipph.cn
社　址：	北京市海淀区气象路 50 号院	邮　编：	100081
责编电话：	010 – 82000860 转 8387	责编邮箱：	65109211@ qq.com
发行电话：	010 – 82000860 转 8101/8102	发行传真：	010 – 82000893/82005070/82000270
印　刷：	北京九州迅驰传媒文化有限公司	经　销：	各大网上书店、新华书店及相关专业书店
开　本：	720mm×1000mm　1/16	印　张：	12.5
版　次：	2020 年 9 月第 1 版	印　次：	2020 年 9 月第 1 次印刷
字　数：	175 千字	定　价：	59.00 元

ISBN 978 – 7 – 5130 – 7126 – 0

出版权专有　侵权必究
如有印装质量问题，本社负责调换。

编委会

主　编　路　娜

副主编　杨晓琼　耿　凯

编　委　张航琨　陈庆云　刘妮妮　许　悦
　　　　　王　双　罗恒雪　董　艾　孙建坤
　　　　　桂宝艳　王　贤　司海恩　汪　燕
　　　　　高玉梅　陈朔阳

前　言

2020年是"十三五"规划收官之年，是"十四五"规划编制之年，处在"两个一百年"奋斗目标即将交汇的特殊历史时期。在中华民族伟大复兴战略全局和世界百年未有之大变局的历史进程中，云南的科技创新事业从何而来、走向何方，是亟须解答的一份时代答卷。

本书由三篇组成。成就篇站在中华人民共和国成立70周年的历史维度，系统总结了云南科技发展的主要成就，分析总结了科技创新工作的经验做法与存在问题，对未来发展进行了展望。战略篇立足国际国内科技创新环境，从服务和融入国家发展战略视角研究分析云南科技创新需求、总结国内部分省市科技创新经验启示、提出云南科技创新发展重点与举措。规划篇从评价"十三五"科技创新规划入手，结合国内外最新形势与需求，对云南科技创新发展进行了基本研判，通过数据对比分析提出云南"十四五"科技创新规划目标与指标，并勾勒出云南"十四五"科技创新规划的主要梗概与战略重点。

全书从过去、现在与未来三个维度，试图向读者展现云南科技创新发展的整体脉络，以期对充分认识云南在服务和融入国家发展战略中的使命与担当，以及云南"十四五"科技创新规划编制提供思路建议。

在此，特别感谢云南省科学技术厅的大力支持，在云南省"创新引导与科技型企业培育计划—科技发展战略与政策研究专项—科技支撑经济高质量发展系列研究（项目编号：2019RD001）"资金支持下，本书得以顺利完成。但是受限于编者的能力与水平，本书还存在诸多不足，恳请专家学者、科技界人士与读者朋友们批评指正！

CONTENTS

目 录

第一篇 成就篇

第一章 历史沿革 ⋯⋯⋯⋯⋯⋯⋯⋯⋯⋯⋯⋯⋯⋯⋯⋯⋯⋯⋯⋯ 3

第一节 从无到有，奠定科技事业发展根基
（1949—1977 年）⋯⋯⋯⋯⋯⋯⋯⋯⋯⋯⋯⋯⋯⋯ 3

一、科技管理体系基本确立 ⋯⋯⋯⋯⋯⋯⋯⋯⋯⋯⋯⋯ 3

二、以政府为主导的科研体系初步形成 ⋯⋯⋯⋯⋯⋯⋯ 4

第二节 励精图治，科技事业在改革中发展壮大
（1978—2014 年）⋯⋯⋯⋯⋯⋯⋯⋯⋯⋯⋯⋯⋯⋯ 4

一、科技体制改革拉开序幕并不断深入 ⋯⋯⋯⋯⋯⋯⋯ 4

二、科技管理工作逐步规范化和制度化 ⋯⋯⋯⋯⋯⋯⋯ 6

三、科研机构实力不断增强 ⋯⋯⋯⋯⋯⋯⋯⋯⋯⋯⋯⋯ 7

第三节 创新驱动，迈向创新型云南新征程（2015 年至今）⋯ 8

一、科技体制改革政策体系逐步健全 ⋯⋯⋯⋯⋯⋯⋯⋯ 9

二、科研管理持续优化 ⋯⋯⋯⋯⋯⋯⋯⋯⋯⋯⋯⋯⋯⋯ 9

三、企业为主体的技术创新体系初步建立 ⋯⋯⋯⋯⋯⋯ 10

四、科技创新支撑引领作用不断增强 ⋯⋯⋯⋯⋯⋯⋯⋯ 10

第二章 云南科技发展主要成就 ⋯⋯⋯⋯⋯⋯⋯⋯⋯⋯⋯⋯ 12

第一节 科技自身发展的成就 ⋯⋯⋯⋯⋯⋯⋯⋯⋯⋯⋯⋯⋯ 12

一、科技投入大幅增加 ⋯⋯⋯⋯⋯⋯⋯⋯⋯⋯⋯⋯⋯⋯ 12

二、创新人才彬彬济济 ⋯⋯⋯⋯⋯⋯⋯⋯⋯⋯⋯⋯⋯⋯ 15

三、条件保障不断完善 ⋯⋯⋯⋯⋯⋯⋯⋯⋯⋯⋯⋯⋯⋯ 17

四、科技产出量质齐升 ⋯⋯⋯⋯⋯⋯⋯⋯⋯⋯⋯⋯⋯⋯ 21

五、基础研究单点突破 ………………………………………… 25

第二节　科技支撑引领产业发展的成就 ……………………………… 27
　　一、特色产业重大创新成果亮点纷呈 ………………………… 27
　　二、科技创新助力发展新动能 ………………………………… 34

第三节　科技支撑引领社会发展的成就 ……………………………… 38
　　一、科技广泛惠及民生 ………………………………………… 38
　　二、公民科学素养得到提升 …………………………………… 40

第三章　经验、不足、展望 …………………………………………… 42

第一节　经验 …………………………………………………………… 42
　　一、坚持党对一切科技工作的领导，确保党始终成为
　　　　科技事业的领导核心 ……………………………………… 42
　　二、坚持服务和融入国家战略，在国家和地方发展中
　　　　实现共赢 …………………………………………………… 43
　　三、坚持遵循科技创新规律，在特色领域长期积累逐步
　　　　形成优势 …………………………………………………… 43
　　四、坚持将科技体制改革贯穿始终，加快科技创新体系
　　　　建设 ………………………………………………………… 44
　　五、坚持科技对外开放合作，助力云南对外开放末梢变
　　　　前沿 ………………………………………………………… 45

第二节　不足 …………………………………………………………… 45
　　一、高水平平台匮乏 …………………………………………… 46
　　二、科技产出规模和质量有待提升 …………………………… 46
　　三、科技成果转化运用不足 …………………………………… 48
　　四、科技资源配置方式有待改进 ……………………………… 49
　　五、科技创新环境需进一步优化 ……………………………… 50

第三节　云南科技创新发展远景与展望 ……………………………… 50
　　一、面向未来，云南科技创新必须始终坚持党的领导，
　　　　坚定发展方向 ……………………………………………… 50
　　二、面向未来，云南科技创新必须始终聚焦经济社会发展
　　　　重大需求，持续提升科技供给能力 ……………………… 51

  三、面向未来，云南科技创新必须始终坚持主动服务和融入
    国家发展战略，不断扩大高水平科技对外开放 52

  四、面向未来，云南科技创新必须坚持问题导向，持续
    深化科技体制机制改革，不断强化推动自主创新的
    制度保障 52

 附表1 云南省主要科技规划 53

 附表2 中华人民共和国成立70年云南科技
     成就数据（部分） 54

 附件 云南省科技计划项目设立及调整情况 55

第二篇　战略篇

第四章　科技创新发展的战略环境 59
第一节　新时期科技创新发展的大环境 59
 一、世界正经历百年未有之大变局 59
 二、新一轮科学技术革命加速演进 60
 三、国际创新战略格局发生新变化 60
 四、我国经济社会发展迈入新阶段 61

第二节　新时代科技创新的战略思想 62
 一、创新发展居五大发展理念之首 62
 二、创新是引领发展的第一动力 62
 三、科技创新是全面创新的核心 63

第三节　云南服务和融入国家发展战略的科技创新需求 64
 一、需要在国家科技创新体系中寻找新位置 64
 二、需要在高质量跨越式发展中提供新支撑 64
 三、需要在国家科技对外开放中担当新使命 65
 四、需要在区域创新驱动发展中探索新模式 65

第五章　服务和融入国家发展战略的科技创新经验启示 67
第一节　发达地区经验与启示 67
 一、实践经验 67
 二、对云南的启示 71

第二节　欠发达地区经验与启示 …………………………………… 72
　　一、实践经验 …………………………………………………… 72
　　二、对云南的启示 ……………………………………………… 76

第六章　云南服务和融入国家发展战略的科技创新实践 ………… 78
第一节　科技创新重大举措 ………………………………………… 78
　　一、全面推进创新型省份建设 ………………………………… 78
　　二、开展重大创新试验示范 …………………………………… 80
　　三、打造区域开放创新高地 …………………………………… 82
　　四、探索建立科技创新机制 …………………………………… 84
第二节　科技创新短板和问题 ……………………………………… 86
　　一、主要短板 …………………………………………………… 86
　　二、主要问题 …………………………………………………… 87

第七章　云南服务和融入国家发展战略的科技创新战略抉择 …… 89
第一节　战略构想 …………………………………………………… 89
　　一、战略思路 …………………………………………………… 89
　　二、战略路径 …………………………………………………… 91
第二节　战略重点 …………………………………………………… 92
　　一、体系重构，点燃创新驱动发展引擎 ……………………… 92
　　二、梯次联动，优化区域科技创新布局 ……………………… 94
　　三、开放赋能，打造"科技入滇"升级版 …………………… 96
第三节　战略举措 …………………………………………………… 97
　　一、强自身，夯实科技创新治理能力 ………………………… 97
　　二、聚合力，完善科技创新融通机制 ………………………… 99
　　三、求突破，培育科技创新引领力量 ………………………… 101

第三篇　规划篇

第八章　云南"十三五"科技创新规划执行情况评价 …………… 105
第一节　核心指标完成情况 ………………………………………… 105
第二节　重点任务实施情况 ………………………………………… 108
　　一、重大科技专项实施 ………………………………………… 108

二、创新源头供给 …………………………………………… 109
　　三、重点领域科技创新 ……………………………………… 110
　　四、技术创新引导 …………………………………………… 112
　　五、大众创业万众创新 ……………………………………… 112
　　六、科技人才队伍建设 ……………………………………… 113
　　七、科技对外开放 …………………………………………… 115
　　八、科技扶贫 ………………………………………………… 116
　　九、科技体制改革情况 ……………………………………… 116

第九章　国内外形势与需求分析 …………………………………… 118
　第一节　当今世界政治经济与科技发展形势分析 ……………… 118
　　一、新冠肺炎疫情的全球蔓延深刻影响世界经济政治格局
　　　　与秩序 ………………………………………………… 118
　　二、全球新一轮科技革命和产业变革将重塑全球创新版图
　　　　和国际竞争格局 ……………………………………… 120
　　三、创新战略同生存战略紧密联系，科技竞争正成为决定
　　　　大国未来的关键领域 ………………………………… 121
　第二节　科技支撑国家发展战略的形势与要求 ………………… 123
　　一、落实总体国家安全观对科技安全提出高要求 ………… 123
　　二、新时代经济社会发展对科技发展提出新需求 ………… 124
　　三、新一轮科技革命和产业变革对科技创新提出新挑战 …… 124
　　四、新冠肺炎疫情的全球蔓延对我国科技在防范、管控风险
　　　　以及应对重大危机上提出紧迫需求 ………………… 125
　第三节　云南未来发展对科技创新的重点需求 ………………… 125
　　一、推动经济高质量发展对科技创新的需求 ……………… 125
　　二、实施乡村振兴战略和建设美丽云南对科技
　　　　创新的需求 …………………………………………… 126
　　三、"数字云南"建设对科技创新的需求 ………………… 127

第十章　云南科技创新的基本判断与认识 ………………………… 129
第十一章　云南"十四五"科技创新规划目标与指标分析 ……… 133
　第一节　国家科技发展规划目标与指标的变化分析 …………… 133

一、"十一五"至"十三五"国家科技规划目标的变化 …… 133
　　二、"十一五"至"十三五"国家科技规划指标的变化 …… 135
第二节　云南科技发展规划目标及指标的变化分析 ………… 138
　　一、"十一五"至"十三五"云南省科技规划
　　　　目标的变化 ……………………………………………… 138
　　二、"十一五"至"十三五"云南省科技规划
　　　　指标的变化 ……………………………………………… 139
第三节　云南与相关省（区、市）科技发展规划目标指标的
　　　　比较分析 ………………………………………………… 141
　　一、云南省科技创新规划目标与国家及各省（区、市）
　　　　比较 ……………………………………………………… 141
　　二、云南省科技创新规划指标与国家及各省（区、市）
　　　　比较 ……………………………………………………… 143
　　三、西部地区发展指标比较分析 ……………………………… 149
　　四、云南省科技发展与国家及各省（区、市）的统计
　　　　数据比较 ………………………………………………… 152
　　五、各省（区、市）科技创新指标目标值与实际统计值
　　　　耦合比较分析 …………………………………………… 159
第四节　云南"十四五"科技创新规划目标与指标的
　　　　选取设计 ………………………………………………… 163
　　一、目标设计 …………………………………………………… 163
　　二、指标设定 …………………………………………………… 164

第十二章　云南"十四五"科技创新发展的重大思路 ……… 166
第一节　指导方针 …………………………………………………… 166
第二节　基本原则 …………………………………………………… 167
　　一、坚持资源配置由市场决定原则 …………………………… 167
　　二、坚持更好发挥政府作用原则 ……………………………… 167
　　三、坚持科技供给与需求双侧同时发力原则 ………………… 168
　　四、坚持依法依规推进科技创新治理原则 …………………… 168
　　五、坚持提高科技风险防控意识原则 ………………………… 168

第三节　发展理念 …………………………………………… 169
　一、绿色发展 ……………………………………………… 169
　二、开放发展 ……………………………………………… 169
　三、融通发展 ……………………………………………… 170
　四、非常规非对称式发展 ………………………………… 170
第四节　战略重点 …………………………………………… 170
　一、抓区域创新布局，促进科技创新协调发展 ………… 171
　二、抓区域经济主体创新，推进科技经济深度融合 …… 175
　三、抓机构平台建设，搞活科技创新主体 ……………… 177
　四、抓产业关键共性技术，推进核心优势产业迭代升级 …… 179
　五、抓场景技术应用，推动经济社会赶超跨越 ………… 181
　六、抓科技创新治理现代化，营造良好创新生态 ……… 182

参考文献 …………………………………………………… 185

第一篇　成就篇

第一章 历史沿革

中华人民共和国成立以来,云南省的科学技术事业发展从无到有,从弱到强,取得了巨大成就,大致经历了科技事业的奠基期、改革发展期和全面改革创新期三个阶段。

第一节 从无到有,奠定科技事业发展根基(1949—1977年)

中华人民共和国成立之初,云南的科技事业一穷二白。1956年,中央发出"向科学进军"的伟大号召,云南积极响应,建立了一批科技管理和研究机构,科技力量不断积蓄,科技事业在艰难中前行,为之后的发展奠定了坚实的基础。

一、科技管理体系基本确立

1958—1959年,先后成立了中国科学院云南分院、云南省科学技术委员会、云南省科学技术协会;昆明、红河、玉溪等8个州、专(市)和23个县(市)建立了科委。1959年3月,召开了第一届科学技术工作会议;1963年,编制了首个科技发展规划——《云南省科学研究初步规划(1958—1962)》,全省科技工作步入正轨。1966年5月至1972年,科技事业遭到严重破坏。1972年,周恩来总理主持中央日常工作,召开全国科技工作会议,云南科技工作开始复苏。1973年恢复省科学技术委员会,各地、州(市)、县(市、区)也相继恢复或建立了一批科技管理机构。

二、以政府为主导的科研体系初步形成

1958年以后，昆明植物研究所、昆明动物研究所、云南天文台、昆明贵金属研究所等中科院下属、中央直属科研机构以及云南省农业科学院、云南省林业科学研究所等一大批省级科研机构相继成立，至"文革"前，全省科研机构增加到44个，全民所有制单位的专业技术人员由不足2万人增加到近16万人。

这一时期，在国家的重点布局下，云南在装备制造、农业和生物领域涌现出一批特色领域科技成果，燃起星星之火。昆明机床厂研制出我国第一台规格最大、结构最复杂的T68卧式镗床；橡胶抗寒育种和高产综合栽培技术达世界先进水平，突破国际公认的橡胶树种植纬度禁区。

第二节　励精图治，科技事业在改革中发展壮大（1978—2014年）

1978年，伴随着改革开放的序曲，邓小平同志提出了"科学技术是第一生产力"的重要论断，迎来了"科学的春天"，云南科技事业从全面恢复，到"科教兴滇"，再到建设创新型云南，进入了全面改革发展期。

一、科技体制改革拉开序幕并不断深入

紧随国家科技体制改革步伐，云南围绕促进科技与经济结合这一主线，着力破除体制机制障碍，点燃科技创新这一发展"新引擎"。

放活科研机构和科研人员，促进科技长入企业。在国家提出"依靠、面向"战略指导方针，为我国科技体制改革指出明确方向后，1985年，《中共中央关于科学技术体制改革的决定》发布，拉开了科技体制改革大幕。云南省随即成立省科技协调领导小组，提出"以科技进步促进资源开发和经济发展，原料、加工、综合利用配套，经济、社会、生态效益统一"的科技发展战略，围绕革除原有体制下科

技与经济脱节的弊端，促进科技成果商品化、科技与经济结合的改革核心，相继出台了《云南省科研院所改革的若干暂行规定》《云南省人民政府贯彻国务院关于深化科技体制改革若干问题的决定的规定》《云南省人民政府关于放活科技人员的若干政策规定》等一系列科技体制改革的政策，推出包括改革科技拨款制度、放活科技人员、理顺农业科研体系、培育技术市场等一系列举措，全省科研机构、技术开发机构和技术推广机构取得了较快发展。

突出企业创新主体地位，行业型科研机构转制为企业。1991年，云南省第一次科学技术大会召开，明确了全省科技工作改革和发展两条主线以及实施"科教兴滇"的战略目标。1995年，《中共云南省委 云南省人民政府关于贯彻落实〈中共中央 国务院关于加速科学技术进步的决定〉的实施意见》出台，提出实施"科教兴滇"战略的指导思想、基本原则、目标、重点和八大科技工程。之后，成立了云南省科技教育领导小组，全省16个地州（市）成立了科技工作领导小组，"科教兴滇"战略全面实施。2000年全省科技创新大会上，省委、省政府印发了《中共云南省委 云南省人民政府关于贯彻落实〈中共中央 国务院关于加强技术创新，发展高科技，实现产业化的决定〉的实施意见》，提出以企业技术创新为主体，以创新创业人才开发为基础，以科技成果转化为重点，以产品创新为突破口，坚持有所为有所不为相结合、技术引进与自主创新相结合的科技工作方针。同年，云南省开展了省属应用型科研机构企业化转制工作。22家省属应用型科研机构完成企业化转制，面向市场的科技创新能力和发展后劲得到增强。推进了农业和社会公益类科研机构分类改革，鼓励以企业为主体，加强产学研合作，科技资源得到进一步优化。

建设创新型云南，增强自主创新能力。进入21世纪，云南省科技实力有所提升，但自主创新能力弱，难以对增长方式转变形成有效支撑。2005年，中共云南省委、云南省人民政府印发了《关于大力加强自主创新 促进云南经济社会全面发展的决定》（云发〔2005〕16号），自主创新成为云南省经济结构调整和增长方式转变的中心环节，成为全省经济社会发展和科技工作的首要任务。2008年8月和2013

年5月，中共云南省委、云南省人民政府分别启动实施两轮建设创新型云南行动计划，旨在贯彻落实建设创新型国家发展战略，把提高自主创新能力作为调整经济结构、转变发展方式的核心，全面提升产业竞争力。

二、科技管理工作逐步规范化和制度化

科技管理机构逐步恢复。党的十一届三中全会和全国科技大会后，云南省各地科技管理机构逐步恢复、建立，到1984年，全省17个地、州（市）所辖的128个县（市、区）全部建立了科委，共有地县科技管理人员和职工849人。到1998年，有98%以上的乡（镇）建立了科委，共配备乡（镇）科技助理员1665人。这一阶段，全省有省经委等35个省直委办厅局、大型企业（集团）和各高等院校先后成立了科技管理机构。

科技规划陆续出台。改革开放后，按照国家方针政策，云南省对科技发展进行了全面规划和部署。1977年，省科委编制《云南省科技长远发展规划纲要（1978—1985）》，按照"坚持三大革命运动一起抓，树立开发边疆、开发山区的战略思想，全面安排，突出重点，集中力量打'歼灭战'，使科学研究工作走在经济建设的前面"的指导思想，提出了农业科技、工业科技、文教、理论研究等方面的主要任务，共安排了7类60项重大科技项目，并提出了配套的措施。1986年，编制完成《云南省1986—2000年科学技术发展纲要》，强调了科技发展要与经济建设相结合的战略方针。2006年，省人民政府印发《云南省中长期科学和技术发展规划纲要（2006—2020）》，把增强自主创新能力作为科学技术发展的战略基点和调整产业结构、转变增长方式的中心环节，确定了"在优势领域有选择地开展原始创新，多层次创新，重点突破，走引进消化吸收再创新与集成创新为主的道路，不断提高自主创新与区域创新能力"的战略选择。其间，还相继制定了《云南省科学技术"六五"规划和十年设想》等8个科技发展规划，明确了不同时期云南科技发展的方向和任务。2008年起，实施了两轮建设创新型云南行动计划。这一系列科技发展规划的制定和

实施,成为改革开放后直接推动云南省科技事业快速向前发展的驱动器(详见附表1)。

科技计划不断完善。为保证科技规划落实,实现创新资源有效配置,云南相继设立了一系列有针对性的科技计划。自1987年设立相对规范的科技计划起,云南省科技计划根据不同时期发展目标和工作实际进行了6次动态调整,更加强调科技对经济社会的支撑引领作用,更加突出开放创新的理念,更加注重发挥企业技术创新主体的作用,更加强化创新供给质量和效率。各项计划的顺利实施,成为这一阶段云南省科技发展的重要标签,也为科技事业的不断进步提供了重要保障(详见附件)。

科技法制建设持续加强。1993年以来,云南省结合自身发展实际,制定了《云南省科技进步条例》《云南省技术市场管理条例》《云南省民办科技企业条例》《云南省科学技术普及条例》《云南省高新技术产业促进条例》等一批地方性科技条例,进一步完善了科技政策体系,有力地保障了全省科技事业的健康发展。

三、科研机构实力不断增强

1978年,中国科学院昆明分院恢复成立。之后,全省认真贯彻党的十一届三中全会精神,围绕建立和健全科技管理制度、整顿和发展科技队伍开展了科研院所改革试点,实行"五定"(定方向、定课题、定人员、定设备、定制度)。到1984年,全省共有158个国有独立科研机构,基本建立了门类相对齐全、覆盖全省的科研体系。

1985—1999年,全省开展了以减拨事业费为重点的科技拨款制度改革,全省实现了科研事业费减拨到位,到1999年,全省共有159个国有独立科研机构[1],主要分布在农业、林业、能源、烟草、化工、冶金、生物等领域。民营科技蓬勃发展,一大批科研机构从单纯科研型向科研生产经营一体化转变,创办了全国第一家省级民营科技金融机构"昆明科技产业信用社",建立了第一个省级民营科技企业产业

---

[1] 云南省科学技术发展研究院. 云南省科研院所发展现状调研报告[R]. 2019:1。

基地"云南民办科技园"。

2000—2014 年，根据国家科研院所管理体制改革精神，全省按照进入企业、转为科技型企业和技术服务与中介机构 3 种方式，开展了应用类科研院所转制改革；云南省地理研究所等一批云南省科技厅主管的省属科研院所划转进入高校和国资委；云南中科灵长类生物医学重点实验室等一批民办非企业科研机构发展起来。到 2014 年，云南省纳入统计的县以上（不含县及国防系统研究院所）部门属国有独立科学研究与技术开发机构 109 个。[1]

这一时期，科技成果获得国家级和省部级奖励的获奖率高达 63.68%。吴征镒院士获 2007 年度国家最高科学技术奖，其编撰的《中国植物地理》等重大科学著作为中国自然区划、农业区划等提供了科学理论依据；朱有勇院士创建了"水稻遗传多样性"和"生物多样性控制作物病害理论"，获得联合国粮农组织国际稻米年科学研究奖一等奖；张亚平院士成为第一个荣获"生物多样性领导奖"的亚洲学者；戴永年院士发展了金属真空气化分离理论，形成了有色金属真空冶金理论体系，研究成果世界领先；澄江动物化石群的发现，为寒武纪生命大爆发提供了科学事实，被誉为"20 世纪最惊人的科学发现之一"；"云岭牛"成为我国首个自主培育的三元杂交肉牛品种；自主研发的世界首个 Sabin 株脊髓灰质炎灭活疫苗、肠道病毒 71 型灭活疫苗达到国际先进水平。

第三节　创新驱动，迈向创新型云南新征程（2015 年至今）

2015 年，习近平总书记深入考察云南，提出云南要"主动服务和融入国家发展战略，闯出一条跨越式发展的路子来，努力成为我国民族团结进步示范区、生态文明建设'排头兵'、面向南亚东南亚辐射中心，谱写好中国梦的云南篇章"，习近平总书记的殷切嘱托为云

---

[1] 云南省科学技术厅.2015 云南省科技统计报告［R］.2015：18。

南发展确立了新坐标、明确了新定位、赋予了新使命。新时代，新征程，云南省坚定不移地贯彻落实创新驱动发展战略，将创新作为引领发展的第一动力，坚持科技创新和体制机制创新"双轮驱动"，科技创新和科学普及"两翼齐飞"，科技发展全面提速，正向着全国科技创新强省目标阔步前行。

一、科技体制改革政策体系逐步健全

党的十八届三中全会以来，科技体制改革充分释放了创新活力，全省科技体制改革工作持续向纵深推进。出台《中共云南省委 云南省人民政府关于深化科技体制改革的意见》，对全省科技体制改革进行总体布局。制定《中共云南省委 云南省人民政府关于贯彻落实国家创新驱动发展战略的实施意见》，确定了"到2020年进入创新型省份行列""到2030年跻身创新型省份中上水平""到2050年建成全国科技创新强省""三步走"战略。围绕创新战略规划、科技管理改革、创新体系建设、创新主体培育、科技成果转化、创新环境优化、推动"双创"等方面出台了30余项科技创新政策，基本形成了较为完善的科技体制改革政策体系。

二、科研管理持续优化

不断强化科技管理部门"抓战略、抓规划、抓政策、抓服务"的新定位，推动政府职能从研发管理向创新服务转变。推进在重点领域和关键环节落实改革任务，聚焦云南经济社会发展重大科技需求，完成省级财政科技计划管理改革，优化整合形成五大科技计划，更好发挥政府对科技资源配置的引导作用；研发经费支出机制进一步优化，有效引导各类创新资源聚集；转移转化制度环境明显改善，初步建立了云南科技成果转移转化全链条服务保障机制；实行以增加知识价值为导向的分配政策，激发广大科研人员的积极性、主动性和创造性；科研诚信管理工作机制逐步建立，广大科研人员的诚信意识显著增强。

三、企业为主体的技术创新体系初步建立

科技型企业群体逐步壮大,企业研发投入、科研组织、成果应用的主体作用日益显现。截至 2018 年,全省共有国家创新型(试点)企业 8 家;国家高新技术企业 1362 家,居全国第 21 位,西部第 5 位;国家科技型中小企业 1384 家,云南省科技型中小企业 6734 家。企业 R&D 经费占全省 R&D 经费的比例从 2006 年的 39.92% 提高到 2017 年的 68.60%,企业专利申请量占专利申请总量的比例从 2012 年的 46.04% 提高到 2017 年的 59.42%,企业有效专利拥有量占全省比重超过 2/3。规模(限额)以上企业中,41.3% 的企业开展了创新活动,39.7% 的企业实现了创新,占比均高于全国平均水平和贵州、广西等地区。

四、科技创新支撑引领作用不断增强

自主创新能力大幅提升。2018 年,R&D 经费达 187.3 亿元,是 1998 年的 42 倍;投入强度从 1998 年的 0.24% 增长到 2018 年的 1.05%;全省科技财政投入从 1957 年的 222 万元增加到 2018 年的 16.14 亿元;技术合同成交金额达 89.61 亿元,是 1988 年的 218 倍;专利申请量和授权量分别突破 3 万件和 2 万件,分别是 1986 年的 196 倍和 581 倍;2017 年,R&D 人员达 7.76 万人,是 2006 年的 4.9 倍,增速高于同期全国水平;成功增选两院院士 3 人;截至 2018 年,全省共建成重点实验室、工程技术研究中心、工程研究中心/工程实验室国家级 43 个、省级 269 个,建成院士(专家)工作站 408 个。

提供经济社会发展新动能。科技创新工作聚焦发展八大重点产业、打造世界一流"三张牌"和建设"数字云南",依托重大科技专项,取得突破性进展,为现代产业技术体系构建发挥了重要作用。党的十八大以来,通过科技计划实施,突破重大核心关键技术 700 项以上,推动重大科技成果产业化 556 项,研发具有自主知识产权的重大新产品 541 个;争取国家科技计划项目 4486 项,争取经费 38.35 亿

元。2017年,国家高新技术产业开发区(昆明、玉溪)工业总产值超过2000亿元,占全省GDP比重超过1/10;高新技术产业主营业务收入近4000亿元,占全省规模以上工业企业主营业务收入比重超过1/3;云南科技进步贡献率达48.53%。各类科普活动广泛开展,公民科学素质的比例从2015年的3.29%提高到2018年的5.15%。科技服务民生由浅入深,在解决衣食住行、提高健康水平、治理环境污染、保障公共安全、助力精准扶贫等方面做出了积极贡献。

第二章　云南科技发展主要成就

自中华人民共和国成立70年来,云南省科技发展成就辉煌,科技事业从无到有、从弱到强,科技创新能力不断提升,科技与经济社会发展日益紧密,具有重大影响的科技成果和产业化项目不断涌现,有力地支持和促进了云南省科技与经济社会的发展。

第一节　科技自身发展的成就

中华人民共和国成立以来,科技投入大幅增加,创新人才彬彬济济,条件保障不断完善,科技产出量质齐升,基础研究单点突破,科技事业实现了突飞猛进的增长。

一、科技投入大幅增加

(一) R&D 经费投入规模和强度实现历史性突破

R&D 经费总量稳步提高,2018年,云南省 R&D 经费支出187.3亿元,是1998年的42倍(见图2-1);R&D 经费支出年均增长率高于同期 GDP 年均增长率。R&D 经费投入强度逐年提升,从1998年的0.24%增长到2018年的1.05%(见图2-2);尤其是近三年来,R&D 经费投入强度增幅明显提速;2018年投入总量和强度增幅分别列全国第4位和第6位。

(二) 企业成为 R&D 经费投入主体

从 R&D 资金投入结构上看,"十一五"以前,云南省属于政府主导型,但是政府投入比重一直呈下降趋势,直到2008年,政府投入比例首次下降至50%，到2018年，按R&D资金来源划分的企业、政府和境外及其他资金所占比重分别为69.74%、23.51%和6.75%。资金投入的结构比例特征显示，R&D资金从政府投入为主转向企业投入为主（见图2-3）。

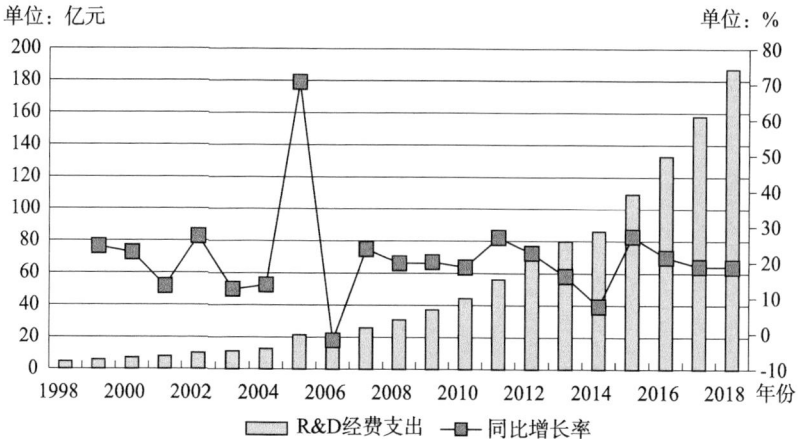

图2-1　1998年以来云南省R&D经费支出及增长率情况

数据来源：《中国科技统计年鉴》（1999—2018年）、《2018年云南省科技统计公报》http：//kjt.yn.gov.cn/show-25-4274-1.html。

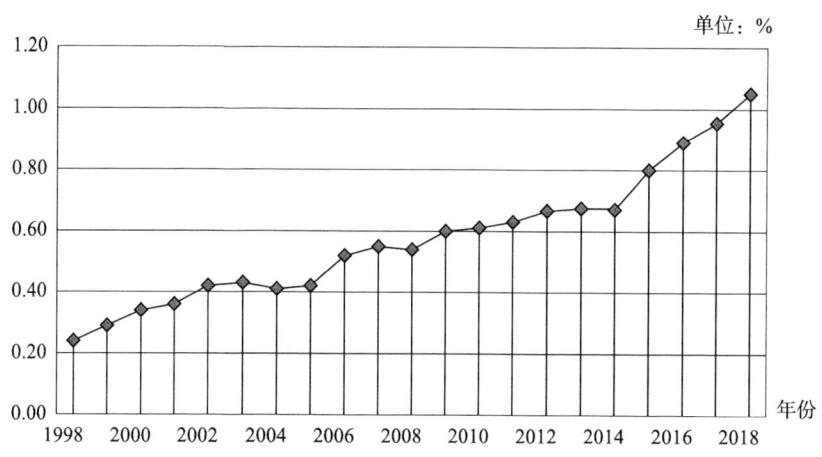

图2-2　1998年以来云南省R&D经费投入强度情况

数据来源：《中国科技统计年鉴》（1999—2018年）、《2018年云南省科技统计公报》http：//kjt.yn.gov.cn/show-25-4274-1.html。

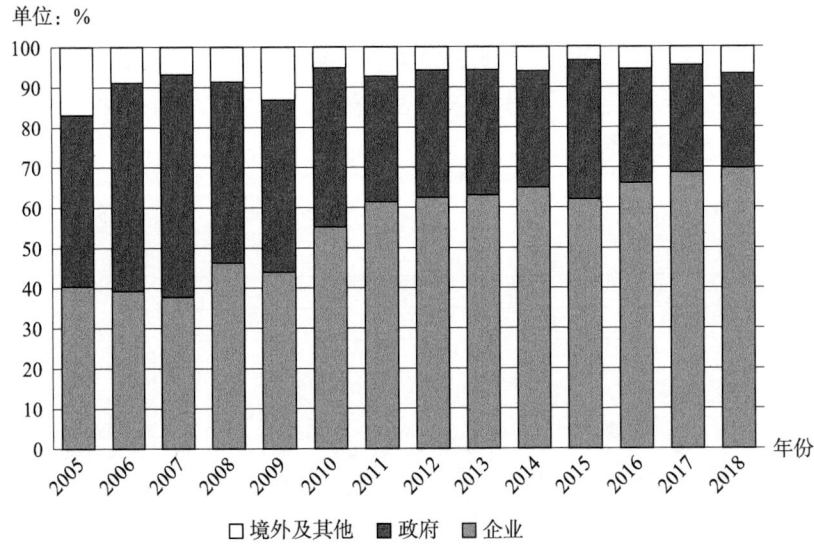

图 2-3　2005 年以来云南省按资金来源划分 R&D 经费支出情况

数据来源：《云南省科技统计报告》（2010—2019 年）、《2018 年云南省科技统计公报》http：//kjt.yn.gov.cn/show-25-4274-1.html。

（三）财政科技投入稳定增长机制初步形成

1957 年，全省财政安排科学事业费 222 万元，1960 年增至 1140 万元，自 1974 年起，科技三项费用实行预算、决算管理制度，按科研课题进行财务核算，逐年加大科技投入，全省科技三项费用从 1989 年的 3133 万元增至 2005 年的 5.75 亿元，增长了近 18 倍，年均增长率为 19.95%。2007 年，政府收支分类体系改革后，财政科技支出包括"科学技术"科目下支出和其他功能支出中用于科学技术的支出。按照新的统计口径进行核算，2018 年云南省地方财政科技支出 54.94 亿元，是 1957 年的 2475 倍。财政科技投入稳定增长机制初步形成，有效地发挥了其"杠杆效应"（见图 2-4）。

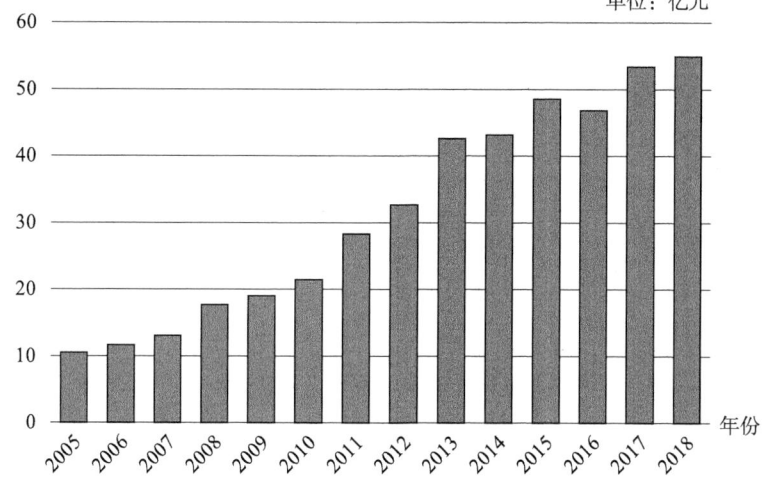

图2-4 2005年以来云南省地方财政科技支出情况

数据来源：《云南省科技统计报告》（2010—2019年）、《云南省科技统计公报》http：//kjt.yn.gov.cn/show-25-4274-1.html。

二、创新人才彬彬济济

（一）科技人才队伍显著壮大

中华人民共和国成立时，云南省科技人员不足2万人，科研机构中的科技人员不足百人。1955年，云南省委成立知识分子办公室，经过10年的培养与发展，1965年全省全民所有制单位的专业技术人员已达到近16万人，到1991年达近50万人，增长了3.1倍。1979年，省委、省政府落实知识分子政策，提出了加强科技人员队伍建设的建议和措施，1985年后云南省专业技术人员在数量上快速增长，2007年全省专业技术人员达到近96万人。2018年，R&D人员达8.22万人，是2006年的5.1倍，增速高于同期全国水平（见图2-5）。2018年，R&D人员全时当量4.97万人年，是1998年的5.1倍（见图2-6）。

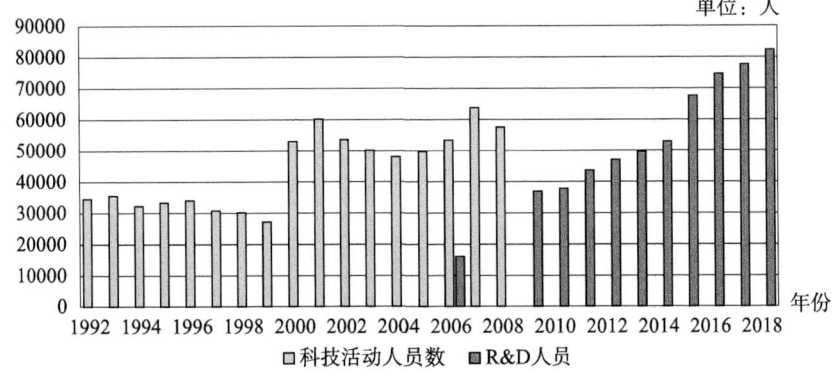

图 2-5　1992 年以来云南省科技活动人员及 R&D 人员情况

数据来源：《中国科技统计年鉴》（1993—2018 年）、《云南省科技统计公报》http：//kjt. yn. gov. cn/show - 25 - 4274 - 1. html。

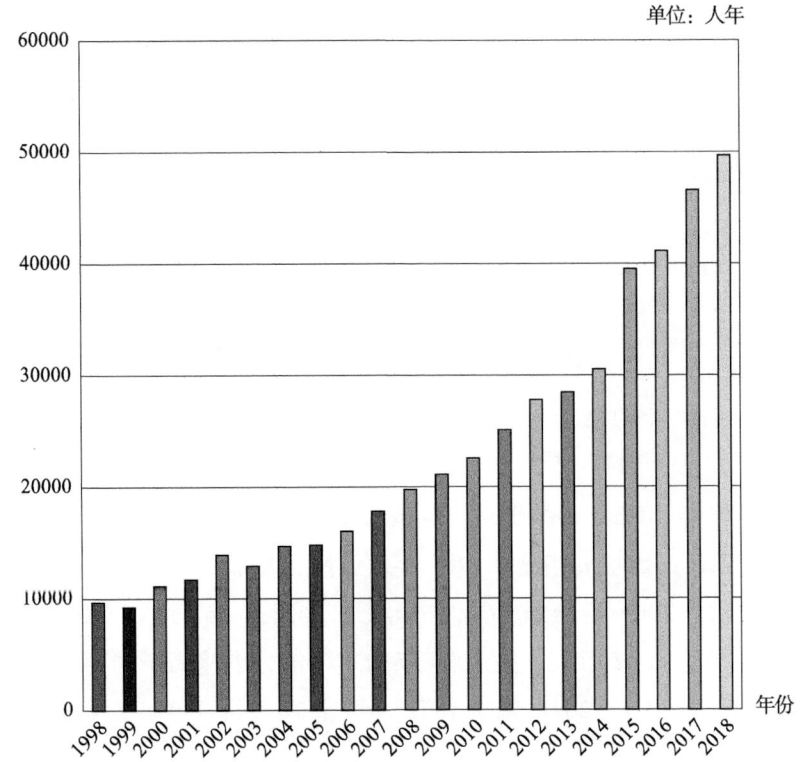

图 2-6　1998 年以来云南省 R&D 人员全时当量情况

数据来源：《中国科技统计年鉴》（1999—2018 年）、《云南省科技统计公报》http：//kjt. yn. gov. cn/show - 25 - 4274 - 1. html。

(二) 高层次人才加速入滇

1995年,省委、省政府决定实施跨世纪人才培养工程;"十二五"期间,云南对高层次科技人才实施"精准培养",并与科技部人才中心共同建立了国家科技领军人才云南创新驱动中心;"十三五"期间,深入实施国家和省人才计划。

中华人民共和国成立以来,先后培养出蔡希陶、吴征镒、黄润乾、戴永年、周俊、苏君红、马洪琪、陈景、张亚平、朱有勇、韩占文、彭金辉、季维智等一批国内外知名的顶尖科学家。2017年,实现了两院院士申报上的重大突破,成功增选两院院士3人,排名西部第二、西南地区第一;在滇两院院士从1998年的3人增加到12人。截至2018年,云南省享受国务院政府特殊津贴专家分别达1714人和2077人,享受省有突出贡献优秀专业技术人才达到1910人。云南在全国率先开展"两类人才"选拔培养工作,截至2018年,累计选拔培养"两类人才"1911人,培养省创新团队234个(见图2-7)。

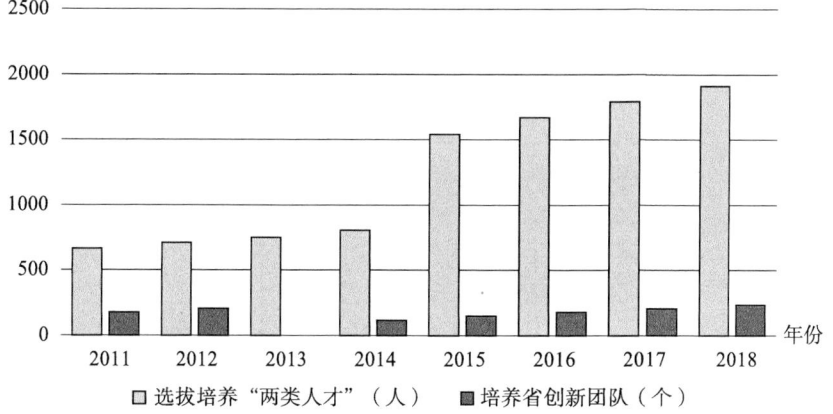

图2-7 2011年以来云南省高层次人才培养引进情况

数据来源:《云南省科技厅年度工作总结》(2011—2018年)。

三、条件保障不断完善

(一) 创新平台星罗棋布

在1991年的省科技大会上,省政府提出建立省级重点实验室和中试基地；在1995年的省科技大会上再次明确要求"到2000年前，建设好12个省级重点实验室和9个中试基地。面向社会开放，争取使其中的2~4个发展成为国家级的研究中心和工程中心"。为加强企业技术创新和科技投入的主体地位，云南省于1998年开展省级企业技术中心工作。一路走来，云南省持续加强科技基础条件建设，科技创新物质基础不断夯实，形成了国家、省、州（市）三个层次全链条布局的创新平台体系，创新平台数量与日俱增，科技条件保障能力显著增强。截至2018年，全省共建成国家级重点实验室6个、工程技术研究中心4家、工程研究中心/工程实验室33个；省级重点实验室65个、工程技术研究中心125家、临床医学研究中心4家、工程研究中心/工程实验室75个、企业技术中心436家（见图2-8）。中国西南野生生物种质资源库、模式动物（灵长类）表型与遗传研究设施、国家昆明高等级生物安全灵长类动物实验中心等大科学设施建设如火如荼，北京航空航天大学云南创新研究院、中国工程科技发展战略云南研究院等一批新型研发机构不断涌现。

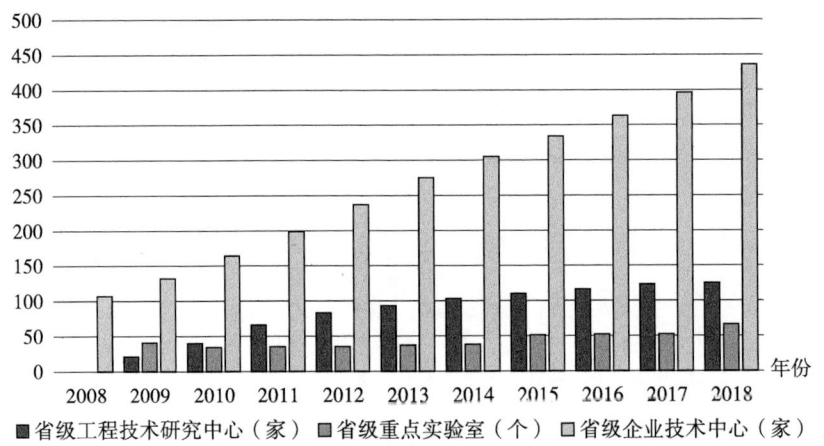

图2-8　2008年以来云南省科技创新平台情况

数据来源：《2018年云南省科技基础信息手册》和《云南省科技厅年度工作总结》（2008—2018年）。

（二）开放共享迈上新台阶

随着政策制度的不断完善，以及管理机制的逐步优化，科技资源建设共享取得明显成效。1949年，云南省没有大型仪器；1958—1985年，全省已逐步购置大型仪器设备300多台（套），总价达711万美元；20世纪90年代，大型科学仪器引进量大幅增加；至2005年，全省拥有各种大型科研仪器设备1300多台（套），价值8亿多元；2006年，"全省大型科学仪器共享协作网"开始建设，推动了大型科学仪器设备的共建共享工作。截至2016年，全省20万元以上大型科研仪器共3313台（套），原值共计26.4亿元，已有312家单位2884台（套）科研仪器入网云南省大型科研仪器开放共享管理平台。2008—2010年，云南省大型科学仪器设备利用与共享综合指数在全国31个省（区、市）中排名第5位，仅次于北京、上海、广东等发达省市，其中，一级指标仪器设备共享水平指数排名第2位，仪器设备利用水平指数排名第4位❶。

（三）服务平台星火燎原

1997年12月，云南省首个生产力促进中心——昆明高新区生产力促进中心成立。2004年7月，云南省生产力促进中心（原昆明高新区生产力促进中心）通过了科技部"国家级示范生产力促进中心"认定。2008年，昆明市生产力促进中心升级为国家级示范生产力促进中心。2012年，云南省开展省级生产力促进中心建设工作。截至2017年，全省共有国家级示范生产力促进中心2家，省级生产力促进中心53家。其中，2家国家级示范生产力促进中心办公面积达2510平方米，年总收入4726.7万元，服务企业979个，为企业增加销售额23.4亿元，企均增加239.4万元，超过贵州和广西，为社会增加就业2935人。

1998年12月，云南省第一个专业型孵化器——昆明高新软件园成立。2003年9月，昆明市政府和北京理工大学共建的"昆明北理工科技孵化器"揭牌成立。2007年，云南省科学技术厅等部门联合发布了《云南省科技企业孵化器认定和管理暂行办法》，并启动了认定

---

❶ 云南省科学技术厅. 云南"大仪网"为企业服务搭建平台　优化和促进科技资源共享[EB/OL]．（2014－10－08）．http://www.most.gov.cn/dfkj/yn/zxdt/201409/t20140930_116001.html.

工作。截至2018年，全省共有国家大学科技园2个、国家级科技企业孵化器12个、省级科技企业孵化器23个。其中，12个国家级科技企业孵化器2017年总面积达54.17万平方米，总收入达1.14亿元，在孵企业1176个，累计毕业企业863个，对公共技术服务平台投资额达1935万元（见图2-9）。

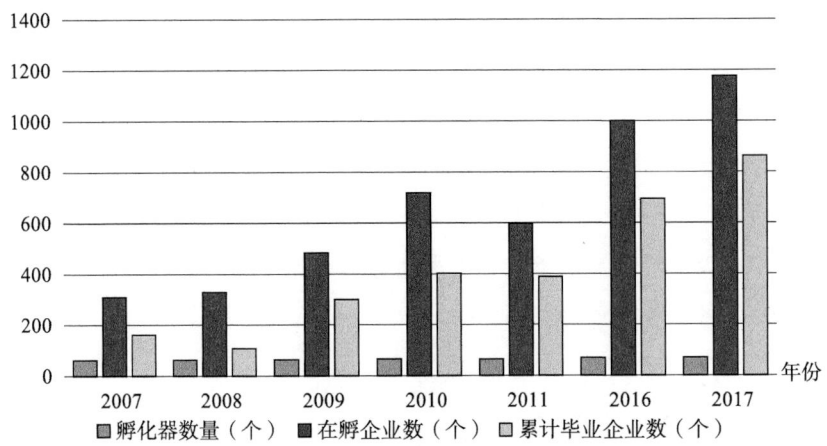

图2-9 2007年以来云南省国家级科技企业孵化器情况

数据来源：《中国火炬统计年鉴》（2008—2018年）。

2016年，云南省启动了省级技术转移示范机构遴选工作，旨在加快云南省技术市场建设步伐，充分发挥技术市场对资源的优化配置作用。截至2017年，全省共有国家技术转移服务机构9家、省级技术转移示范机构29家。国家技术转移服务机构总人数457人，其中，技术经纪人31人；促成项目成交总数2897项，成交金额10.45亿元，组织交易活动81次，服务企业数1622家，解决企业需求929项。

2015年以来，全省上下将"大众创业、万众创新"作为加快新旧动能转换的重要抓手，积极开展众创空间和星创天地的认定工作，着力营造"双创"氛围，点燃创新创业激情。截至2018年，科技部备案众创空间29家，列全国第20位、西部第5位，认定省级众创空间150家，累计服务创业团队5603个，服务初创企业4555家；科技部备案"星创天地"20家，认定省级"星创天地"93家。实施"七彩云南众创行动"，成功举办四届云南省创新创业大赛和首届中缅创新创业大赛,2016年、2017年和2019年参赛企业(团队)报名数均位列西部第一,有38家企业在国家总决赛中获奖。

四、科技产出量质齐升

(一)专利申请和授权量突飞猛进

1. 专利申请和授权量实现历史性跨越

1985年4月,《中华人民共和国专利法》发布实施。自1986年有统计数据以来,截至2018年,云南省累计专利申请19万件,其中发明专利6万件;专利授权11万件,其中发明专利1.8万件。2018年,云南省的专利申请量和授权量首次分别突破3万件和2万件(见图2-10)。专利产出质量不断提升,发明专利授权量占专利授权量的比重从1986年的8.6%提高到2018年的11.3%;有效发明专利1.2万件,每万人发明专利拥有量2.5件。

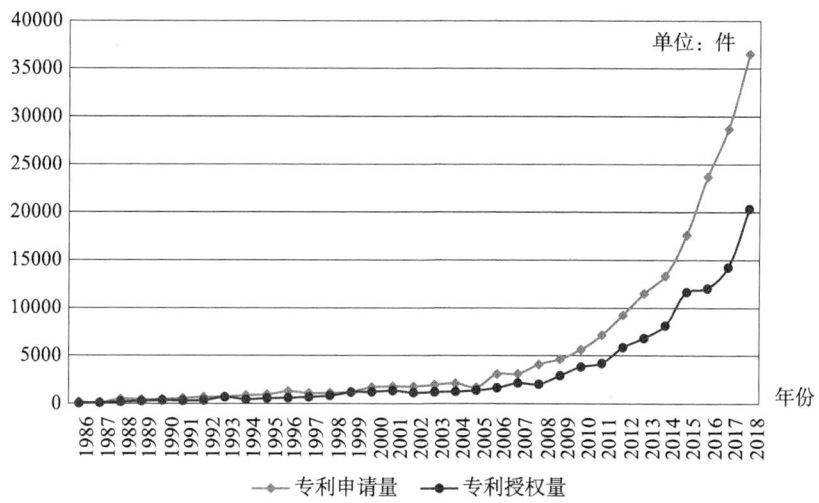

图2-10 1986—2018年云南省专利申请与授权情况

数据来源:国家知识产权局官网 http://www.cnipa.gov.cn/。

2. 企业逐步成为专利创造主力

企业专利申请量占专利申请总量的比例从2008年的26.5%提高到2017年的59.4%;在此期间,企业专利申请量年均增长率达

35.9%，比专利申请总量的年均增长率高出11.7个百分点；企业有效专利拥有量占有效专利总量的比重达到70.4%，企业作为创新主体的地位进一步巩固（见图2-11）。

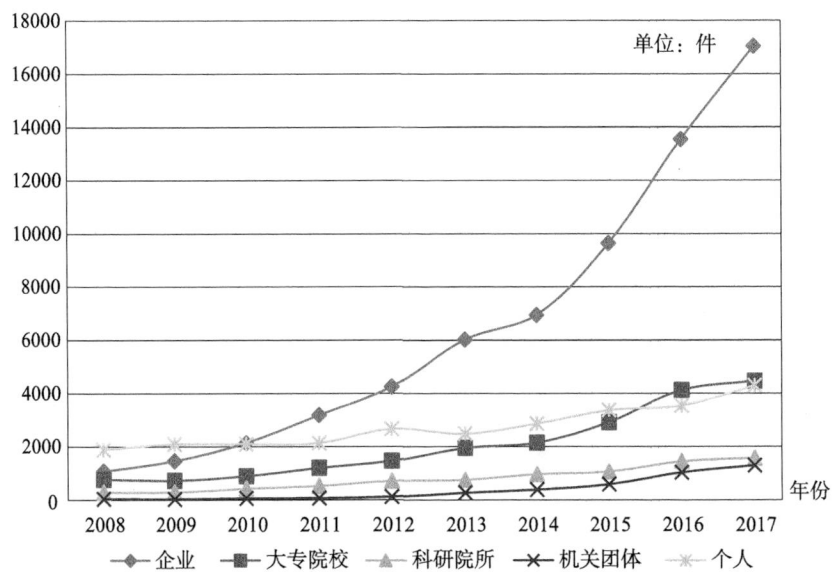

图2-11　2008—2017年云南省专利主体专利申请情况

数据来源：《云南省科技统计报告》（2009—2018年）。

3. 专利密度逐年增大

每万人有效专利拥有量从2008年的1.5件提高到2018年的12.9件，每万人发明专利拥有量从2008年的0.3件提高到2018年的2.5件，年均增长率分别为24.0%和23.6%，尤其是党的十八大以来，两项指标的年均增长率均远远高于人均GDP的年均增长率（见图2-12）。

4. 专利产出效率不断提升

当年专利授权量与上年的研发投入比值可在一定程度上反映地区的专利产出效率和研发创新效用。1998—2018年，全省每亿元R&D投入的专利产出先下降，2005年后震荡提升；其中，2018年，全省每亿元R&D投入的专利产出为108.6件，比2005年增加了43.8件。2018年，1件专利产出需要投入2.4人年的R&D人员全时当量，比1998年减少了9.2人年（见图2-13）。

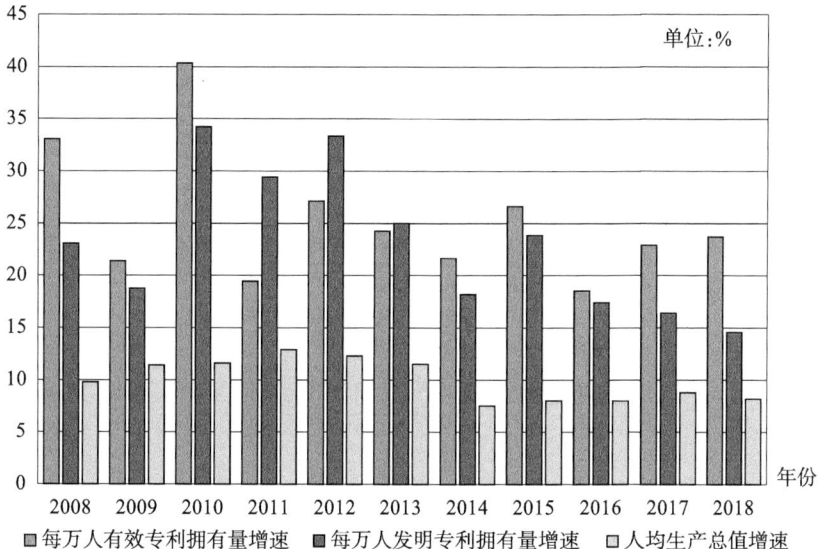

图 2-12　2008 年以来云南省专利密度与人均 GDP 增速对比

数据来源：国家知识产权局官网 http：//www.cnipa.gov.cn/。

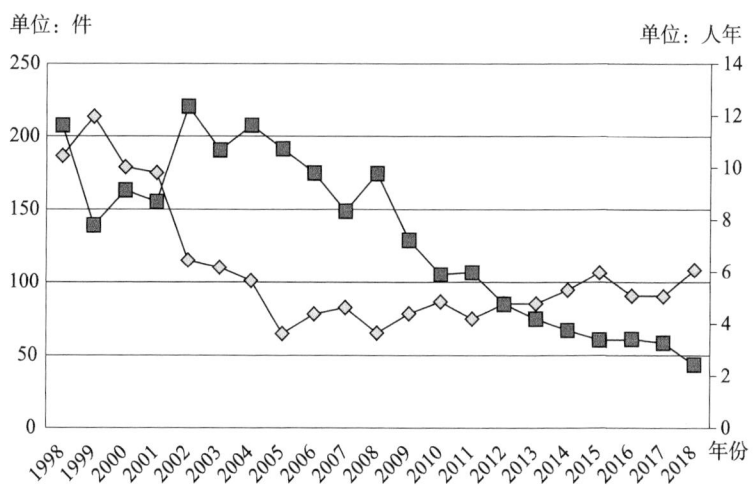

图 2-13　1998 年以来云南省专利产出效率和研发创新效用情况

数据来源：国家知识产权局官网 http：//www.cnipa.gov.cn/、《云南统计年鉴》（2013—2018 年）。

5. PCT 专利申请震荡提高

云南省对运用知识产权制度参与全球市场竞争越来越重视，2012年以来，PCT 国际专利申请量震荡提高；2017年，PCT 国际专利申请量 48 件，是 2012 年的 2.6 倍（见图 2-14）。

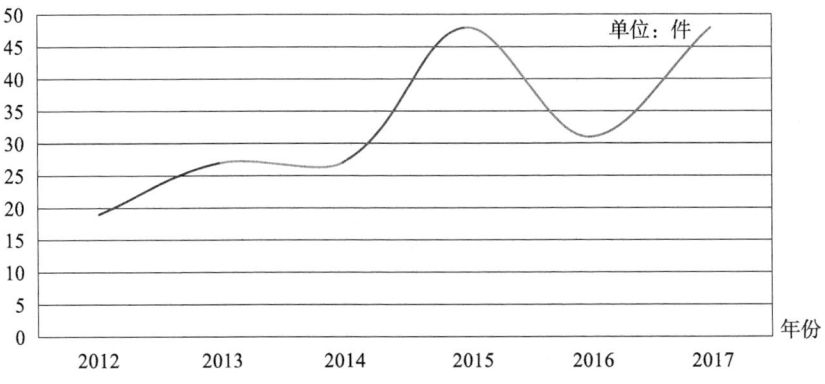

图 2-14　2012—2017 年云南省 PCT 专利申请情况

数据来源：《云南省专利统计分析报告》（2016—2018 年）。

（二）科研成果不断涌现

改革开放后，云南省科技活动进入高潮，成果大量增加，全省科技成果主要集中在植物学、地学、农业、矿冶、工程技术、医疗、电子信息、新材料、新能源、生物技术等方面，对促进云南省社会经济的发展发挥了重要作用。1985—2005 年，省科委统计的科技成果总量为 8062 项；2006—2017 年，科技成果总量为 10888 项。其中，2017年，云南省共登记科技成果 1224 项。

1978—1999 年，云南省共获得国家科技成果奖 31 项、国家自然科学奖 6 项、国家科学技术进步奖 98 项、国家发明奖 10 项、国家星火奖 10 项；国家多部委奖励 1016 项。1999 年，国家对科技奖励制度进行了改革，从奖励类别、等级进行了完善，国家科学技术奖分为国家最高科学技术奖、国家自然科学奖、国家技术发明奖、国家科学技术进步奖和中华人民共和国国际科学技术合作奖五类。2000—2018年，云南省获国家科学技术进步奖 109 项（人）；2008—2018 年，云南省科学技术奖获奖项目 2444 项（人）。

(三)论文发表量大幅提升

1990—2016年,云南省共发表SCI、EI、CPCI-S收录的国际科技论文36147篇;2016年,SCI、EI、CPCI-S三大检索工具收录云南省科技论文5119篇,其中,SCI、EI、CPCI-S分别为2918篇、1488篇和713篇(见图2-15),每万人拥有国际科技论文数由1990年的0.02篇提高到2016年的1.07篇,产生了一批获得国际同行认可的一流成果。2018年科研论文综合指标排名第23位,高于同期贵州、广西的排名。

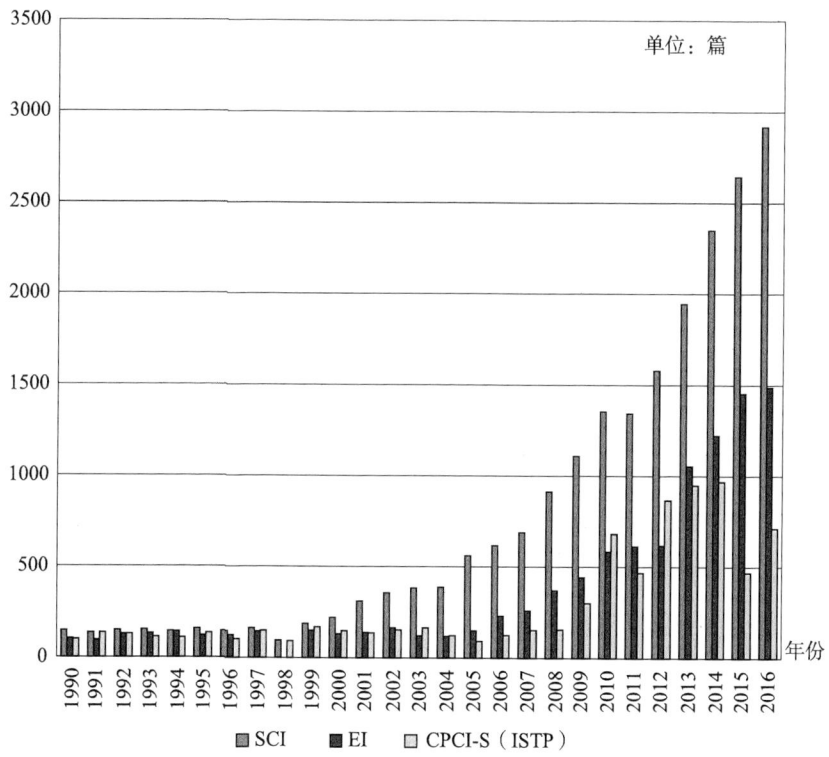

图2-15 1990—2016年三大检索工具收录云南省科技论文数量

数据来源:《中国科技统计年鉴》(1991—2017年)。

五、基础研究单点突破

70年来,云南自然科学研究在天文学、地学、生物学等方面形成了特色，在国内外产生了重要影响。

云南数学工作者在20世纪50年代刘声烈复数合同群研究的基础上，通过数十年努力，对代数群论的研究始终处于国内领先地位。云南大学王学仁教授将统计学、概率论用于地质勘探，总结了矿床统计预测的数学地质方法，并使其在我国地质找矿中得到广泛应用。

云南天文台在恒星演化理论、活动星系核、地面高精度天体定位等领域，科研成果达到国际水平。黄润乾院士在双星非常守恒演化、星风冲击波理论和星风物质损失等方面的研究被国际广泛采纳和应用。冒蔚等提出的"低纬度子午环绝对测量原理及其检验"创立了低纬度恒星观测的新原理和新方法，为我国建立基本星系参考系做出重要贡献。在我国神舟系列飞船发射、飞行至返回期间，云南天文台都发挥了重要的监测作用。

地学研究成果丰硕。1995年，李恒等人通过滇西植物区系研究发现了地壳旋转运动证据，为确定云南高原形成提供了科学依据；云南地质学界提出的"晋宁梅树村震旦系—寒武系界线剖面"于1984年被国际地质科学联合组织推荐为全球界线层型候选剖面之一；云南大学侯先光等对澄江动物群化石的研究，回答了寒武纪生命大爆发的重大科学疑难问题。同时，还开展了横断山科学考察、高原湖泊研究等一系列大型科学考察研究活动。

植物学研究在区系学、植化学、民族植物学等领域达到国际先进水平。吴征镒院士集数十年云南植物考察与区系研究成果，主持完成了《中国植物志》《中国植物地理》《云南植物志》《云南植物名录》等重大科学著作20余部，为中国的自然区划、农业区划等提供了科学理论依据。他提出建立"自然保护区"和"西南野生种质资源库"的建议得到党和政府的高度重视，2004年"中国西南野生生物种质资源库"被列入国家重大科学工程建设计划，2007年吴征镒院士获得了国家最高科学技术奖。

施立明、张亚平院士开展了动物分子遗传学研究工作，在遗传毒理学、减数分裂，特别是联合复合体的研究，灵长类、食肉类动物系统与演化的重要问题研究等方面取得重大成果，对中国家养动物的起源、不同民族人群基因多样性、揭示人类的扩散与迁移历史提供了新的线索。张亚平以卓著的成就,成为荣获"生物多样性领导奖"的第一位亚洲学者。云南诞生了世界首例经过基因靶向修饰猴,研究成果被美国麻省理工学院《科学评论》评为2014年世界十大科技进展,《自然》杂志将其称为人类疾病模型研究向前发展的里程碑;克隆猪领域创造了多个世界第一。

第二节　科技支撑引领产业发展的成就

多年来,云南结合自身优势,在高原特色农业、生物医药、先进装备制造、矿冶和新材料等领域持续攻关,充分发挥了科技创新在提升产业竞争力、推动传统产业转型升级、培育新兴产业、促进高新技术产业发展等方面的重要作用,取得了科技支撑引领产业发展的一系列重大成果,并形成了自身的产业优势与特色。

一、特色产业重大创新成果亮点纷呈

(一) 高原特色农业领域

70年来,在科技创新推动下,云南农业得到快速发展,取得了一大批科技成果。生物技术、信息技术等的运用,提高了农业科技含量,转变了农业发展模式,增强了农业发展后劲,为农业增效、农民增收提供了持续有力的科技支撑,科技对农业的贡献率达到59%。2017年,农业植物新品种权申请数119件,授权数105件,全国排名分别为第11位、第4位;农产品质量安全水平居全国前列,农产品检测合格率稳定在95%以上,是全国多年来没有发生重特大农产品质量安全事故的4个省份之一。

1. 粮食作物选育和栽培

1969—1976年,云南农业大学李铮友教授育成中国第一个水稻雄性不育系——滇Ⅰ型粳稻"红帽缨"不育系,创建了滇型杂交水稻育种技术体系。1983年,自主选育的"滇榆1号"在大理市小面积种

植,创亩产 2028 斤的世界粳稻高产纪录。云南农科院蒋志农研究员提出了兼顾穗数和穗重的"中间型"高产育种理论模式,并成功育成了合系品种和滇系品种共 40 个水稻新品系。朱有勇院士主持完成的"水稻遗传多样性控制稻瘟病的原理与技术"开创了利用生物多样性防治农田病虫害的新途径,获联合国粮食及农业组织"2004 年国际稻米年科学研究奖"。超级稻新品种"楚粳 28 号"连续三年创百亩连片平均亩产世界纪录;"丽粳 9 号"百亩连片平均亩产创造了水稻种植最高海拔单产纪录。杂交水稻、杂交玉米、马铃薯的研发水平保持全国先进,一批云南省自主培育的粮食作物品种在省内及东南亚国家得到大面积推广种植。

2. 经济作物选育和栽培

云南引进、选育了很多适合本地气候特点和土壤条件的花卉、烤烟、橡胶、甘蔗等优良品种。

橡胶北移栽培技术是云南热区开发的重大研究成果之一,其中橡胶树抗寒高产综合栽培技术达到世界先进水平,突破了国际公认的橡胶种植"禁区",成功地把橡胶树种植纬度向北移了 7 度;胶林抚管技术集成体系世界领先;云南植胶区成为世界上单位面积产量最高的地区之一和我国最好的天然橡胶及第二大天然橡胶生产基地。

花卉产业是云南优势特色产业之一。截至 2018 年,花卉新品种数和种类居全国第一,拥有自主知识产权的大宗鲜切花新品种占全国总数的 90% 以上,鲜切花产量超过全国总产量的 75%,云南省已成为全国最大的花卉新品种研发基地和花卉种苗产销中心。

云南省农业科学院及云南农大联合完成的"云南甘蔗种质资源的考察与研究"成果获 1988 年度国家科学技术进步奖二等奖。云南省甘蔗糖分含量、出糖率、蔗糖单线生产规模居全国第 1 位,研发水平保持全国先进。

3. 其他

在动物品种选育和疾病防治方面,"云岭牛"成为我国首个自主培育的三元杂交肉牛品种,2008—2012 年,"云岭牛"已在云南、贵州、广西、重庆、四川及海南等省（区、市）累计扩繁249.2万头，创造经济效益64.4亿元。"滇撒配套系""滇陆"猪通过国家新品种审定。全省9个畜禽品种列入国家畜禽品种资源保护名录，56个品种列入全国畜禽遗传资源名录。历经22年培育的"云上黑山羊"，成为我国第一个肉用黑山羊新品种、第三个肉用山羊新品种。1979年，云南在国内首次分离获得动物蓝舌病毒并确诊此病，创建了我国蓝舌病诊断监测及免疫预防技术体系。

在土壤改良和种植模式创新方面，从20世纪60年代起，经过长期试验研究，总结出一套改良红壤的综合技术措施，1982—1986年，累计改良红壤1370万亩，增产粮食3.1亿千克。70年代在滇东北进行旱地间套种植制度研究，将传统的间套复种多熟经验与现代光能利用技术结合，提出马铃薯套玉米和玉米间大豆种植技术规范，推广40万亩，年增产粮食约1亿千克。

（二）生物医药领域

中华人民共和国成立以来，云南省着力强化生物医药科技创新，产业现代化水平不断提升，涌现了蒿甲醚、白药系列、血塞通系列、灯盏花系列、排毒养颜胶囊、皮康王等一批全国名牌产品。党的十八大以来，云南省重点围绕天然药物开发及生物疫苗、生物制品、心脑血管药物开发实施了一批重大科技专项，生物疫苗、天然药物研发水平国内领先，培育发展成为云南生物医药新亮点。

1. 生物疫苗

自主研发的世界首个Sabin株脊髓灰质炎灭活疫苗、肠道病毒71型灭活疫苗获批上市，达到国际先进水平；其中，Sabin株脊髓灰质炎灭活疫苗将被世界卫生组织引入全球根除脊髓灰质炎行动计划中。具有自主知识产权的一类新药——甲型肝炎减毒活疫苗，获国家技术发明奖二等奖，被卫生部列为"十年百项计划"推广项目中唯一的疫苗类产品，为中国控制甲型肝炎流行、降低发病率起到了关键性作用。"b型流感嗜血杆菌结合疫苗"在菲律宾和俄罗斯成功注册，实现了我国自产疫苗出口的突破。

2. 天然药物

1958年从滇产茄科植物三分三中提取到止痛药"硫酸阿托品"，是我国医药工业的一个重大突破；自主研发的复方蒿甲醚开创了中国原创新药取得国际专利的先例，是全球同类药物中受国际发明专利保护最多的药品，是世界卫生组织基本药物目录中25年来仅有的3个专利药物之一，也是全球援助非洲首选药物；痛舒胶囊成为美国FDA批准进入Ⅱ期临床研究的第一个中国民族药；三七龙血竭胶囊获得新药证书和药品注册批件，为云南省近年来唯一获得中药新药证书和生产批件品种，实现了云南省自主创新药物研发的重大突破；三七总皂苷、灯盏花素作为食品原料通过美国FDA认可的GRAS安全认证，三七药材进入美国植物药原料目录；"恒古骨伤愈合剂"产品获准在美国和土耳其上市；丹莪妇康煎膏列入2015年国家药典公示品种。

3. 中药材

自1956年开始，经多次中药资源普查，发现了一大批原来依靠进口的药材及代用品；整理编纂了《云南中药资源普查名录》《云南民族民间单验方集》《彝药志》《白族药志》《纳西族药》《傣药志》；出版了《云南天然药物图鉴》《云南民族药志》《滇南本草》《云南重要天然药物》等专著。制定了《云南药品标准》，《中医药——三七种子种苗》《中医药——三七药材》《中医药——天麻药材》获得国际标准；云南省药物研究所完成的"低纬高原地区天然药物资源野外调查与研究开发"重大项目获2012年度国家科学技术进步奖一等奖。截至2018年，全省中药材种植面积达794万亩，产量达104万吨，继续保持全国领先❶；建成滇东南三七、滇东北天麻、滇西北高山药材、滇中民族药道地药材和滇西南南药特色药材五大中药材种植基地，中药材标准化种植基地面积超过120万亩，其中绿色、有机认证约6万亩；❷ 认定"云药之乡"63个。

---

❶❷ 王淑娟. 云南省中药材种植面积保持全国领先［EB/OL］.［2019-03-30］. http://yn.people.com.cn/n2/2019/0330/c378439-32793338.html。

4. 医疗保健

"薇诺娜"成为全国第一个具有自主知识产权的医用功效性护肤品,年销售收入超十亿元;程海螺旋藻获批中国国家地理标志产品,曾获"中国社会成就展"两项国家级最高奖,"雨生红球藻"产品获得全国首家新资源食品认证;医疗保健服务业特色明显,云南山灞图像传输科技有限公司远程医疗技术服务水平全国领先,成套远程医疗及PACS系统产品是目前国内具有自主知识产权的最大规模的远程可视医疗宽带网络交换平台;基因、干细胞诊疗服务快速发展,华大基因、舜喜干细胞、美年大健康、博奥生物等一批现代生物技术服务企业落地云南。

(三) 先进装备制造领域

先进装备制造业是云南省八大重点产业之一,也是优势产业。经过多年发展,大型铁路养护机械、自动化物流装备、大型高档数控机床、铁路牵引变压器、柴油发动机、高效节能电机、红外及微光夜视系统、金融电子、远程医疗设备等产品和技术国内领先或先进,搬运机器人、水平机器人、智能轨道车、水下蛙人运载器、3D打印机等一批新产品国内先进。

1. 精密机床制造

1954年,昆明机床厂研制出我国第一台规格最大、结构最复杂的T68卧式镗床,1958年又研制出我国第一台T4128坐标镗床和第一台XB4450立体电动仿形铣床,后相继研制出光电跟踪长刻线机、高精度圆刻线机、光电光波比长仪、THK4680精密卧式加工中心等一批具有当时国际先进水平的精密机床及检测元件,多次获得国家奖励,使云南机床制造技术处于国内领先水平。

2. 光电子

云南光电技术和产业始于20世纪50年代末,1958年成立的昆明物理研究所是国内最早从事红外热成像技术研究和开发的研究所之一,2004年整体转制组建成中国昆明北方红外科技集团公司,公司在苏君红院士多年红外技术研究的基础上,制造了具有国际先进水平的红外仪器产品，打破了国外的封锁，打开了国际市场，形成了有特色的红外光电产业。北方夜视技术股份有限公司开发的日盲紫外管，是军用紫外装备和民用紫外探测系统的核心器件，技术达国际先进水平并填补国内空白。

3. 烟草机械和自动化物流系统制造

20世纪80年代，昆明船舶设备集团有限公司先后成功开发了系列化烟草制丝等产品，成为国内最强的烟草机械开发生产企业和自动化物流系统研发生产基地；云南烟草种植、加工技术和装备水平处于全国领先地位。目前，昆明船舶公司开发的机场行李自动分检系统属国内首创，得到国家民航总局的认可，企业多功能物流自动配送系统实现了单一烟草机械产品—物流自动化产品—企业综合集成自动化产品的升级跨越，获专利授权6项。昆明烟机集团二机有限公司开发的"SQ911薄片滚刀式切丝机"技术居国际先进水平。

4. 大型养路机械制造

20世纪80年代末以来，铁道部昆明中铁大型养路机械集团有限公司（以下简称中铁公司）在引进消化吸收的基础上，针对中国铁路的实际状况和需求，进行了大量技术、工艺创新和改进，先后完成了集机械、电子、液压、气动、激光和计算机控制技术于一体的SPZ-200型配碴车等多个高技术产品的自主开发，完善了大型养路机械的配套，使中国铁路养路机械跨越了与国外先进铁路养护近20年的差距，整体装备制造水平跨入了世界先进行列。近年来，突破了国际多种轨距大型养路机械关键核心技术，建立了基于1676宽轨主要机型的技术体系和标准体系。

5. 发动机及纯电动汽车制造

云南省柴油机开发生产已有近60年的历史，有中国内燃机行业排头兵企业——昆明云内动力股份有限公司，其开发的增压中冷柴油机为国内首家达到欧Ⅱ排放标准的自主创新柴油机产品，成为国内最大的多缸小缸径柴油发动机生产企业之一，其自主开发的节能、环保型柴油机达到欧Ⅳ排放标准。在纯电动汽车制造方面，自新一轮创新型云南行动计划实施以来，开发了长江牌系列纯电动汽车，该系列产品包括中巴客车、商务客车以及公交客车。产品技术达到国际先进水平，续驶里程达260千米，其整车控制器、轮边电机驱动桥、电机控制器和电池管理系统、逆变器等核心部件实现了自主开发，填补了云南纯电动汽车研发、生产、制造空白，真正意义上实现了新能源汽车"云南造"。

6. 超导电缆制造

30米高温超导电缆是我国拥有完全独立自主知识产权、国内第一组、世界第三组并网试运行的超导电缆，标志着中国应用超导技术和电缆技术向产业化迈进了一大步。

7. 金融电子装备

云南南天电子信息产业股份有限公司坚持引进—消化—吸引和技术创新，把新产品开发精确定位在为中国金融界提供专业金融电子化装备上，其自主研发的国家重点新产品——PR系列存折打印机装机量已超过140万台，连续15年国内市场占有率达70%以上，成为全球第二大存折打印机生产商。

(四) 矿冶和新材料领域

1. 有色金属采选冶

铜、铝、铅、锌、锡、锗、铟、钛等的采选冶水平全国一流，部分达到国际先进水平。戴永年院士发展了金属真空气化分离理论，形成了有色金属真空冶金理论体系，研究成果世界领先；彭金辉院士研发的微波冶金资源综合利用技术，达到世界先进水平；陈景院士提出的按原子结构特征分类贵金属的方法达到国内先进水平；高铁硫化锌矿浸出冶炼、艾萨炉炼铜、澳斯麦特锡还原熔炼、密闭直流电弧炉高钛渣生产等一批重大工艺技术和装备达到国际先进水平。低温低电压铝电解技术、一炉三段直接炼铅工艺技术等填补国内空白；"两段中和+组合膜分离"、长距离固液两相输送全国领先。

2. 新材料制备

高温超导电缆、高速电气化铁路用铜合金导线、铂族汽车尾气催化剂、电子浆料等一批具有自主知识产权的新材料产品达到国际先进水平。钛带卷产业化生产技术填补国内空白；氯化法钛白粉产品的生产使云南省成为国内首家掌握大型沸腾氯化法工艺技术的省份；超大3D打印钛合金复杂零件试制成形，是迄今使用激光选区熔融方法成形的最大单体钛合金复杂零件。航空、航天、军工领域用贵金属新型功能材料及制备技术国际领先；建成具有国际先进水平的航天航空发动机用铂基合金喷管和碳/碳化硅喷管连接件产品生产线，并实现批量生产；汽车、石油、化工、医药、卫生、食品等领域用稀贵金属催化剂材料及制备技术国内领先。动力电池用隔膜、电子级多晶硅、正极材料研发及生产技术国内先进，建成具有国际先进水平的国内第一条年产30万片太阳能锗晶片生产线。自主研发的高纯度、细小均匀的晶粒及较高磁透率的高纯NiPt靶材产品打破国外垄断；超薄铝箔研制成功，改变了依赖进口的局面。

3. 化工加工

磷、煤化工深加工技术在全国领先。拥有自主知识产权的碎煤熔渣加压气化技术、大型煤焦化联合生产技术、浆态床制甲醇技术、粉煤气化技术世界领先；中低品位胶磷矿浮选等一批重大工艺技术和装备达到国际先进水平；甲醇转化制汽油大型反应器、均四甲苯分离提纯结晶器等填补国内空白；一步法煤变油、高浓度磷复肥生产、聚甲醛生产、合成氨生产等全国领先。

除此之外，云南在绿色能源领域也积累了一批重大成果。中国工程院院士马洪琪等人研究开发的多项水电站施工方法和技术填补了国内技术空白，达到了世界先进水平。建成的大理州巨龙山49.5MW风电站和晴云山49.5MW风电站，整体技术达到国内先进水平。

二、科技创新助力发展新动能

（一）高新技术产业成为经济加速发展的重要力量

高新技术产业是经济发展的主旋律，对产业发展具有重要的引领和带动作用。经过多年的发展，云南省聚焦生物医药大健康、新材料、高端装备制造、IT和现代服务业等高新技术产业领域，产业发展水平快速提升,已成为经济发展的领跑者。

高新技术产业载体不断增加,截至 2018 年,全省共有国家高新技术产业开发区 3 个、经济技术开发区 5 个、高新技术产业化基地 10 个、火炬特色产业基地 5 个,省级高新技术产业开发区 30 个、高新技术特色产业基地 18 个。2017 年,云南省国家高新技术产业开发区(昆明、玉溪)工业总产值达 2055 亿元,占全省 GDP 比重超过 10%(见图 2-16);高技术产业 R&D 经费投入 8.9 亿元,较 2009 年增长 6.5 倍,年均增长率 26.3%,高于同期规模以上工业企业 R&D 经费投入年均增长率;高新技术企业群体逐步壮大,截至 2018 年,全省共有国家高新技术企业 1362 家,居全国第 21 位、西部第 5 位;国家高新技术企业工业总产值、营业收入分别为 2596 亿元和 3922 亿元,分别是 2007 年的 3.6 倍和 5.1 倍。

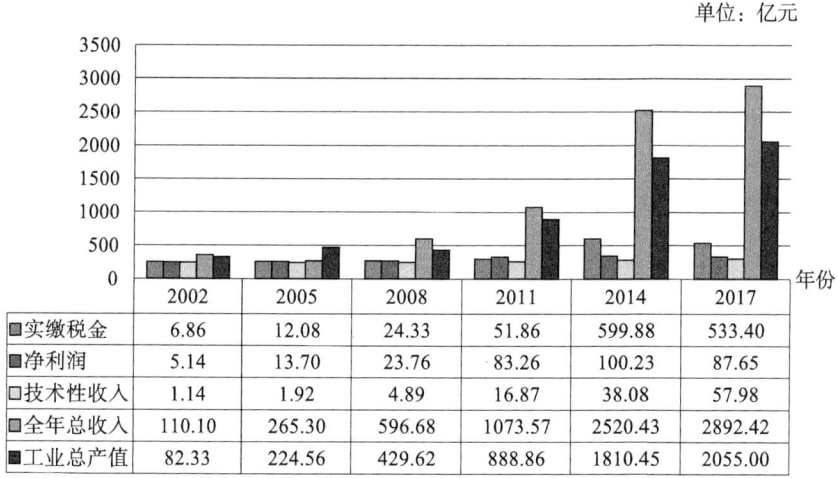

图 2-16　云南省国家高新区 2002—2017 年经济效益增长情况

数据来源:《中国科技统计年鉴》(2003 年、2006 年)、《中国火炬统计年鉴》(2009 年、2012 年、2015 年和 2018 年)。

(二)新业态、新模式、新产业不断呈现

随着大数据、云计算、人工智能、5G、区块链等新一代信息技术的快速发展,传统产业加速改造提升,新业态、新模式、新产业蓬勃发展。云南省针对经济发展动力不足等问题，出台一系列政策措施，全力发展八大重点产业，打造世界一流"三张牌"，推动"一部手机"系列项目成为云南数字经济的拳头产品，坚持"两型三化"方向，出台生物医药、信息新材料和先进装备制造等产业"施工图"。云南省科技创新工作紧紧聚焦发展八大重点产业，打造世界一流"三张牌"和建设"数字云南"，有序开展稀贵金属材料、基因工程等一批重大科技专项，推进建设云南省铝加工技术创新中心等一批重大平台，实施科技创新支撑打造"绿色能源牌""绿色食品牌"和生物医药产业三年行动计划。通过科技创新助力新产业发展，为现代产业技术体系构建发挥着重要作用。

（三）科技金融不断融合

云南省科技厅与五部门联合印发实施《关于大力推进体制机制创新 积极促进科技金融结合的意见》，建成科技金融结合综合服务平台，启动实施"风险金池"制度，组织实施科技金融专项，建立科技领域"投—贷—担—保"联动机制，组建首期规模10亿元的云南生物医药大健康成果转化及产业化基金、2.01亿元的云南银科股权投资基金。2018年，带动社会资本投入3.69亿元，拉动企业险种保额41亿元，通过"风险金池"增信放大作用，实现22笔2亿元科技信贷。

（四）技术市场活跃度逐步增强

经过30多年的发展，云南省技术交易大幅增长，交易结构不断优化，技术转移服务体系更加健全，制度环境得到持续完善。

1. 技术交易放量增长，成果价值不断增加

2018年，云南省技术合同成交额达89.61亿元，是1988年的218倍（见图2-17）；技术合同成交额占地区生产总值的比重由2012年的0.44%提高到0.52%。技术交易成果价值不断增加，2017年，云南省涉及知识产权的合同成交额达38.6亿元，其中专利交易额达17.9亿元，占技术合同成交总额的21.04%。

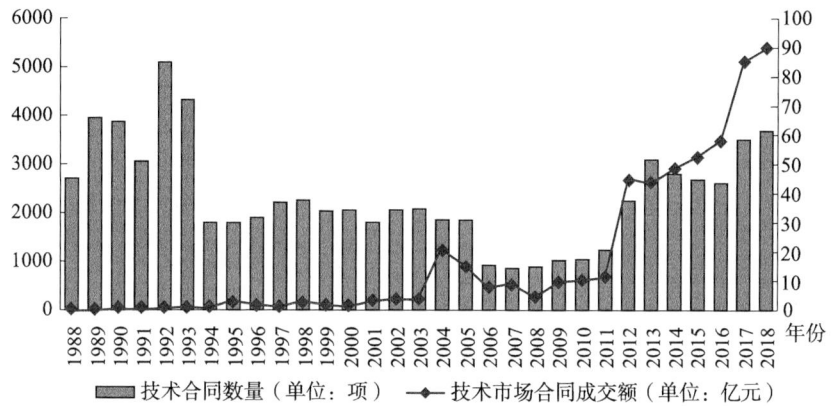

图 2-17　1988—2018 年云南省技术合同成交情况

数据来源：《中国科技统计年鉴》（1992—2013 年）、《全国技术市场统计年度报告》（2014—2019）。

2. 技术要素进一步向战略性新兴产业集聚

2017 年，云南省电子信息、先进制造、新能源、节能环保、新材料和生物医药等战略性新兴产业领域技术合同成交额占比达到 64.99%，较 2013 年提高了 32.95 个百分点。随着互联网快速发展，电子信息领域技术交易遥遥领先于其他各类技术领域，合同成交额占 27.11%。

3. 技术交易结构不断优化，技术开发合同居于主导地位

从交易合同类型来看，技术开发占绝对的主导地位，研发活动成为技术市场交易的主要形式。2017 年，云南省技术开发合同数量占技术合同总数的 60.64%，技术开发成交额占技术合同成交总额的比重达 73.59%。

4. 企业主导市场运行，成为技术合同交易主体

企业成为研发创新和技术合同交易主体。2017 年，云南省企业法人作为合同卖方的技术合同成交额占技术合同成交总额的比重达 86.39%，企业法人作为合同买方的技术合同成交额占技术合同成交总额的比重达 52.51%，分别较 2012 年提高了 4.21 个和 11.28 个百分点。

5. 破除体制机制障碍，软环境持续完善

党的十八届三中全会以来，云南省出台了《云南省人民政府关于贯彻落实国务院实施〈中华人民共和国促进科技成果转化法〉若干规定的实施意见》（云政发〔2016〕70号）、《云南省人民政府办公厅关于印发云南省促进科技成果转移转化实施方案的通知》（云政办发〔2017〕13号）和《云南省人民政府关于印发云南省技术转移体系建设实施方案的通知》（云政发〔2018〕60号）等一系列政策，形成了贯彻落实国家科技成果转移转化"三部曲"的政策软环境，为技术市场持续发展提供了重要保障。

第三节 科技支撑引领社会发展的成就

通过科技创新，取得了支撑引领社会发展的一系列成果，增进了民生福祉；通过科学普及提升了公民科学素养。

一、科技广泛惠及民生

紧紧围绕生态文明建设排头兵、民族团结进步示范区、中国最美丽省份建设要求，重点在人口与健康、生态保护与环境治理、精准扶贫、防灾减灾、城镇化与城市发展、公共安全、绿色技术创新体系构建等方面聚焦发力，科技助力全面建成小康社会和打赢三大攻坚战，让科技创新成果更多为人民所及、所享、所用，切实增强人民群众安全感、获得感、幸福感。

（一）人口与健康

干细胞应用技术、艾滋病综合防治技术等达到了同期国内领先水平；自体表皮细胞移植治疗烧伤、烧伤后期功能障碍防治技术及矫形器开发应用研究、肝移植再灌注损伤及急性排斥反应相关机制的系列研究、温缺血期间持续通气对无心跳供体肺保护作用的研究、脊柱肿瘤微创外科治疗的优化选择等临床医学技术处于国内领先水平，其中，肝移植技术研究成果应用于全国数十家大型肝脏移植中心；开发的牙科羧聚陶瓷材料、中草药结合物理治疗、康复技术结合临床实践应用获得了一批优秀成果,达到国内同期先进水平;中医药治疗艾滋病、早孕期一站式产前筛查等技术处于国内先进水平,建立了国内领先的自然周期体外授精—胚胎移植技术平台;9 种体外诊断试剂填补国内空白;大力开展预防医学工作,1990 年传染病发病率已低于全国平均水平。经过 70 年的努力,云南省居民健康水平不断提高,居民人均期望寿命从中华人民共和国成立之前的不足 32 岁上升到现在的 74.7 岁,孕产妇死亡率由 1950 年的 1500/10 万下降到 2018 年的 17.90/10 万,婴儿死亡率由 1950 年的 319.9‰下降到 2018 年的 5.78‰。

(二) 生态保护和环境治理

紧紧围绕生态文明建设排头兵、民族团结进步示范区、中国最美丽省份建设要求,实施"七彩云南保护行动"、生物多样性保护十大工程、"滇西北生物多样性保护行动"、《七彩云南生态文明建设规划纲要(2009—2020 年)》等,科技创新在"九湖"水污染综合防治、生物多样性保护、节能减排等领域发挥重大作用。

九湖治理。陈景院士利用沉淀吸附法对阳宗海砷污染进行综合治理,使其水质由劣Ⅴ类改善至Ⅲ类;滇池污染治理关键技术研究与工程示范被纳入国家"十五"重大科技专项,进行了一系列湖泊水污染治理关键技术试验,取得了一批重要科技成果,水质由劣Ⅴ类提升到了Ⅳ类,为 30 年来最好水平。

节能减排。低温低电压铝电解新技术每吨铝电耗比全国平均水平节电约 1000kW·h;富氧顶吹炼铅工艺综合能耗比行业先进水平低41.7%,达到国际领先水平,吨铝直流电耗在国内继续保持领先水平;"两段中和+组合膜分离"新技术实现了铅锌冶炼废水零排放;工业烧结余热余能发电技术年节约电费 8000 多万元;合成氨主要工艺技术和吨氨能耗达国际先进水平;建成全球首套电解铝烟气脱硫脱氟工业试验示范装置,二氧化硫等排放远低于国家标准。

重金属污染治理。开发了"高压脉冲电絮凝重金属污水处理技术和设备""新型絮凝剂""复合高效重金属钝化剂""阻控农作物吸收重金属的叶面调控制剂"等一批广泛推广应用的重金属污染处理新产品。

循环利用。"南盘江农业生产废弃物循环利用示范"实现了废弃物全利用。成功突破建筑废弃物再生利用系列技术并成功应用于上海虹桥综合交通枢纽工程、四川汶川地震后恢复重建工程、昆明市城中村改造工程等;"建材废弃物石屑制备水泥混凝土关键技术研究、地方标准及应用示范工程"在国内首次编制实施可指导规范石屑混凝土应用的地方标准。

(三)科技扶贫、防灾减灾

科技助力少数民族地区可持续发展取得明显成效,临沧市建设国家可持续发展议程创新示范区获国务院批复,是全国仅有的6家国家可持续发展议程创新示范区之一。澜沧科技扶贫模式成为全省扶贫攻坚样板。

防灾减灾技术不断得到发展与应用。持续开展地震学科研究,地震预报与预测技术不断取得进展,成功进行了龙陵、澜沧—耿马等大震、强震群中短期预报及部分临震预报,中短期尺度强震预测研究成果在大姚、鲁甸、保山、双柏等5次地震预测预报中得到应用和验证;地震灾害信息化达到国内先进水平,2002年建成的卫星通信系统在汶川地震应急期间为中央电视台传输了第一批灾区视频信息,2007年建成的地震应急指挥系统在玉树7.1级地震时协同国务院抗震救灾指挥部进行跨区域联动并取得显著成效。成功开发云南干旱灾害预警平台,预警准确率达到86.5%;红外热成像技术应用于森林火情预警,森林火灾发现率由22%提高到80%。具有自主知识产权的公路隧道病害检测评估集成设备填补国内空白。

二、公民科学素养得到提升

"十二五"以来,全省按照"政府推动、全民参与、提升素质、促进和谐"的方针,以提高公民科学素质和提升科普能力为宗旨,围绕改善科普环境、丰富科普活动、关注目标人群、实施科普专项等主要任务,全面推进科普工作,建立健全科普工作体制机制,创新工作方法、加大经费投入,使科普成为提升公民科学素质和丰富人民文化生活的重要组成部分,为促进科技创新和经济社会发展提供了重要支撑。截至 2018 年,全省拥有省级科普教育基地 163 个;有各类科普人员 90661 人,其中科普专职人员 13580 人,科普兼职人员 77081 人;注册科普志愿者 99661 人。公民科学素质的比例从 2015 年的 3.29% 提高到 2018 年的 5.15%。

全省广泛开展了全国科普日、科技活动周、"文化科技卫生"三下乡、科学大讲坛、科教进社区、青少年科技创新大赛、科普讲解大赛、百万农民学科技奔小康行动、科普宗教院校行、少数民族"双语"科普宣传、微信科普宣传等系列科普活动;组织以"携手建设创新型国家""科技创新·美好生活""科学生活·创新圆梦""创新创业·科技惠民"为主题的科技活动周;组织实施"边境地区禁毒防艾科普行动",启动实施"彩云科普网络传播行动"等,推动科普宣传进入千家万户。据不完全统计,近年来,科技活动周期间每年举办各类培训班 1100 多期,播放科普影视 4000 多场次,发送科技短信近 4 万多条,培训农牧民 150 多万人次,提供技术市场服务 10 万多次。这在提升云南公民科学素养、推动边疆地区重视和使用科学的过程中发挥了重要作用。

第三章 经验、不足、展望

70年来，云南科技创新在摸索中逐渐形成了结合全国共性和自身特色的经验做法，同时也存在不足之处。

第一节 经验

在坚持党的领导、服务融入国家战略、遵循科技创新规律、坚持科技体制改革和对外开放等方面，云南形成了具有自身特色的经验做法。

一、坚持党对一切科技工作的领导，确保党始终成为科技事业的领导核心

习近平总书记在中国科学院第十九次院士大会、中国工程院第十四次院士大会上强调，"中国共产党领导是中国特色科技创新事业不断前进的根本政治保证"。70年来，云南科技工作毫不动摇地坚持党的领导，在思想上、行动上同党中央、云南省委保持高度一致，把党的领导贯彻和体现到科技工作的方方面面，确保党始终总揽全局、协调各方，确保党的各项方针不折不扣落到实处。从"科教兴滇"战略实施到"创新型云南"建设，云南科技工作始终紧紧围绕省委、省政府做出的重大战略部署，服务、支撑、引领云南经济社会发展。一系列重大科研成果的涌现，充分证明了只有在党的坚强有力领导下，才能为科技事业的发展指明方向、创造安定局面，实现各个时期的战略目标和工作任务，为科技创新更好地支撑引领经济社会发展奠定扎实基础。

二、坚持服务和融入国家战略，在国家和地方发展中实现共赢

70年来，云南始终坚持服务和融入国家战略，积极争取国家重大平台在滇落地，经过几十年的积累，终于开花结果，形成了具有云南特色的科研和产业优势。中国科学院植物研究所、中国科学院动物研究所、中国科学院昆明贵金属研究所、中国医学科学院昆明医学生物学研究所、昆明物理研究所、昆明中铁大型养路机械集团有限公司、昆明机床厂，这些历史悠久的科研院所和企业，在中华人民共和国成立初期，甚至在更早的时候就落地云南，在科技事业发展、特色产业培育、人才培引方面发挥了重要的作用。党的十九大以来，云南继续把中央的新部署、新要求贯穿始终，积极争取一批国家级科研机构和重大平台落地云南，突出生态特色，建设国家可持续发展议程创新示范区，突出沿边优势，以沿边和科技创新作为自由贸易试验区建设主题，在国家战略大格局中，彰显了云南在国家战略实施中的地位和作用。经验证明，积极服务和融入国家战略、结合云南特色优势、争取国家重大平台入滇，是云南科技事业、产业发展的重要手段。

三、坚持遵循科技创新规律，在特色领域长期积累逐步形成优势

70年来，云南围绕特色领域，遵循科技创新规律，持续攻关，长期积累，在生物疫苗、天然药物、花卉、烟草、橡胶、先进装备制造等领域实现突破，通过科技创新的不断积累，为优势产业的铸造打下了扎实根基。橡胶北移栽培技术成功地把橡胶树种植纬度向北移了7度，科研的积淀使云南植胶区成为世界上单位面积产量最高的地区之一和我国最好的天然橡胶及第二大天然橡胶生产基地；花卉新品种数和种类居全国第一，拥有自主知识产权的大宗鲜切花新品种占全国总数的90%以上，已成为全国最大的花卉新品种研发基地和花卉种苗产销中心；从黄花蒿中提取出青蒿素，以此为原料半合成新药蒿甲醚，时至今日，复方蒿甲醚系列药剂已经成为全球最主要的抗

疟药；从20世纪50年代开始攻关脊髓灰质炎疫苗，发展至今，自主研发的世界首个Sabin株脊髓灰质炎灭活疫苗问世，达到国际先进水平，为中国乃至全人类的公共卫生健康事业做出贡献；持续的科技创新让云南烟草做大做强，在烟草种植、加工技术和装备水平方面处于全国领先地位，成为不可替代的支柱产业。经验证明，科技创新不是一蹴而就的，只有瞄准靶点、遵循规律、长期积累，才能实现量变到质变的飞跃。

四、坚持将科技体制改革贯穿始终，加快科技创新体系建设

70年来，云南积极落实国家科技体制改革的部署和相关政策，不断解放思想，深入把握改革方向和规律，坚持问题导向，聚焦阻碍云南科技创新发展的深层次矛盾，探求办法措施，努力破除一切制约科技创新的思想障碍和制度藩篱。1985年，《中共中央关于科学技术体制改革的决定》发布，拉开了科技体制改革大幕。云南省随即成立省科技协调领导小组，相继出台了《云南省人民政府贯彻国务院关于深化科技体制改革若干问题的决定的规定》等一系列科技体制改革政策，改革研究机构拨款制、农业科学技术体制、科学技术人员管理制度，开拓技术市场；1995年后，随着"科教兴滇"战略的实施，成立了省科技教育领导小组，体制改革的重点放在调整科技系统结构、改革科研机构、分流科技人才、优化科技投入结构、促进科技成果向生产力转化等方面；进入21世纪，尤其是党的十八届三中全会后，云南在全面深化改革中推进科技体制改革，制定出台了《中共云南省委　云南省人民政府关于深化科技体制改革的意见》的纲领性文件，不断强化科技管理部门"抓战略、抓规划、抓政策、抓服务"的新定位，推动政府职能从研发管理向创新服务转变，政策体系日益完善，创新环境逐步优化，为建设创新型云南提供了重要制度保障。经验证明，只有着力破除科技体制机制障碍，才能激发创新主体创新活力，点燃科技创新这一发展"新引擎"。

五、坚持科技对外开放合作，助力云南对外开放末梢变前沿

70年来，云南始终坚持科技对外开放合作，在国内率先开展省院省校科技合作，与几十所知名院所高校建立了长期合作关系，实现了中国西南野生生物种质资源库、丽江高美古"2米级天文望远镜"、国家探月工程40米射电望远镜等一批重大项目落地云南。推动科技入滇常态化，深化京滇、沪滇、滇港澳台、泛珠三角区域等科技合作，与科技部联合成功举办三届"科技入滇"对接会，集聚国内优势科技资源，323个科研平台、28户科技型企业、998项科技成果、417个人才和团队入滇落地。按照"一个院士、一个学习服务团队、一个示范基地、一套公寓、一笔科研经费"的模式，加强院士专家工作站建设及管理服务，截至2018年，建设院士（专家）工作站408个。主动服务和融入"一带一路"建设，围绕"政策沟通、设施联通、贸易畅通、资金融通、民心相通"，发出科技强音，实施科技行动。牵头开展澜沧江－湄公河前期研究，开启了我国参与大湄公河次区域合作序幕，推动橡胶、水电、矿产等领域国际科技合作且成效显著，创造了有国际声誉的替代罂粟种植模式；重点针对东盟各国实施"科技兴贸"行动计划，推动云南省企业、科研院所和高校"走出去"；规划建设面向南亚东南亚科技创新中心，启动中国—东盟创新中心、中国—南亚技术转移中心、金砖国家技术转移中心建设；建立中国南亚科技部长对话机制、与新西兰和南亚东南亚国家的技术转移转化机制；围绕农业、生物医药、新能源建设了一批国家联合实验室、农业科技示范园、国际科技合作基地等，实现了一批农作物品种和先进适用技术在周边国家转移转化。经验证明，只有立足需求、发挥优势、推动科技高水平对外开放，才能以增量带动存量、弥补短板、不断提升科技创新能力。

第二节　不足

云南综合创新能力不足，综合科技创新水平目前居全国第28位，

低于广西。科技供给体系有效供给不足,各自为政、条块分割、统筹性差等问题突出,科技创新对经济发展的支撑引领作用不明显。在高水平平台、科技产出、科技成果转化、科技资源配置、科技创新环境等方面存在短板。

一、高水平平台匮乏

一是获得国家或行业认可的高水平平台匮乏。2017年,云南省有国家重点实验室6个,仅为全国平均水平的37.5%;国家工程技术研究中心4家,为全国平均水平的80.0%;国家级科技企业孵化器12家,仅为全国平均水平的9.2%。二是新型的产业技术创新平台匮乏。近年来,云南省引进了北京航空航天大学云南创新研究院、中国工程科技发展战略云南研究院等若干新型研发机构,但与深圳、广东、上海、江苏、湖北、四川等省市相比,平台总量不足,推进力度有待加大。三是平台开放共享和支撑产业不够。平台及设备主要满足依托单位的技术需求,存在部门化、单位化、个人化倾向,开放共享不足,对整个产业的支撑不够,加之平台体制僵化,缺乏市场化运行机制,服务方式单一,进一步加大了开放共享的难度;产业共性技术研发平台缺失,制约产业发展。

二、科技产出规模和质量有待提升

一是专利产出数量不足。2012年以来,云南的专利申请量排名一直落后于广西和贵州,专利授权量排名落后于广西,而且专利申请量和授权量在全国排名均处在中下水平(见图3-1)。二是专利结构有待优化,质量需提升。2012年,云南省发明专利申请量和授权量占总申请量和授权量的比重分别为35.90%和22.23%,到2018年,分别降到了26.31%和11.29%(见图3-2)。而同期的贵州和广西,发明专利申请量和授权量占比不断增加,其中,贵州的发明专利申请量占比由2012年的27.47%提高到33.68%,广西的发明专利授权量占比由2012年的15.29%提高到21.07%。三是PCT国际专利申请量少,依靠知识产权参与国际竞争的创新型企业不多,海外专利布局能力较弱。2017年，云南省PCT国际专利申请量仅48件，全国PCT国际专利申请量超过1000件的就有七个省（区、市）。四是科研论文综合指标从"十二五"末的全国排名第9位降低到2018年的第23位。

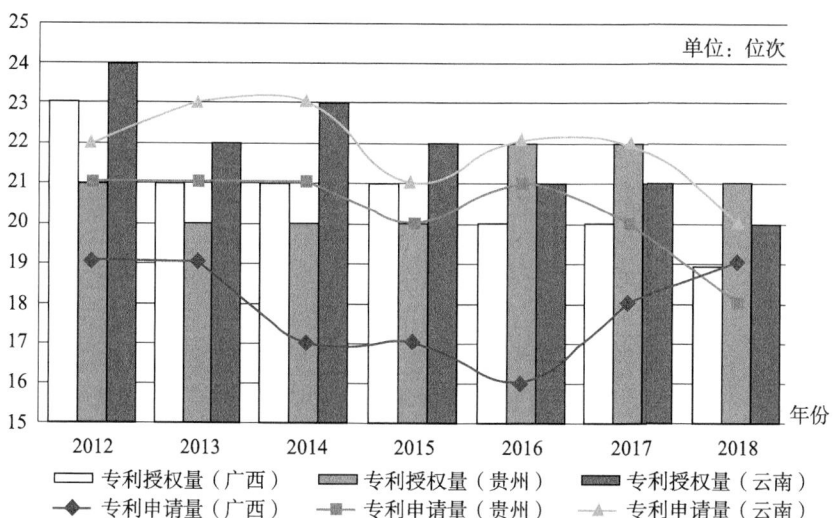

图3-1　2012—2018年云南、贵州和广西专利申请量和授权量排名情况

数据来源：国家知识产权局官网 http：//www.cnipa.gov.cn/。

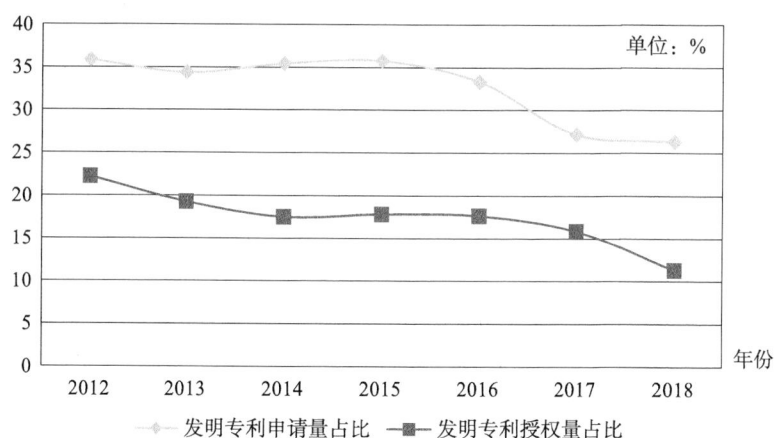

图3-2　2012—2018年云南省发明专利申请量和授权量占比情况

数据来源：国家知识产权局官网 http：//www.cnipa.gov.cn/。

三、科技成果转化运用不足

一是科技促进经济社会发展水平目前全国排名第29位,低于广西。二是技术交易不够活跃。云南省技术合同成交额在全国排名从1988年的第19位下降到2018年的第24位(见图3-3),并被贵州超越。2015年,贵州省开始实施技术市场培育后补助政策,经过3年的培育,政策红利得到释放,技术合同成交额达到171.40亿元,远超同期云南水平(见图3-4)。2017年,云南技术市场技术输出地域合同数仅为全国平均水平的29.6%;技术市场技术流向地域合同数仅为全国平均水平的46.5%;国外技术引进合同金额仅为全国平均水平的1.0%、贵州的17.5%。三是新产品研发产出偏低,高技术出口贸易不活跃。2017年,云南规模以上企业新产品销售收入仅为全国平均水平的12.7%、广西的35.9%;高技术产业新产品销售收入仅为全国平均水平的5.2%、贵州的53.2%;高新技术企业出口贸易额仅为全国平均水平的6.0%、广西的30.7%。

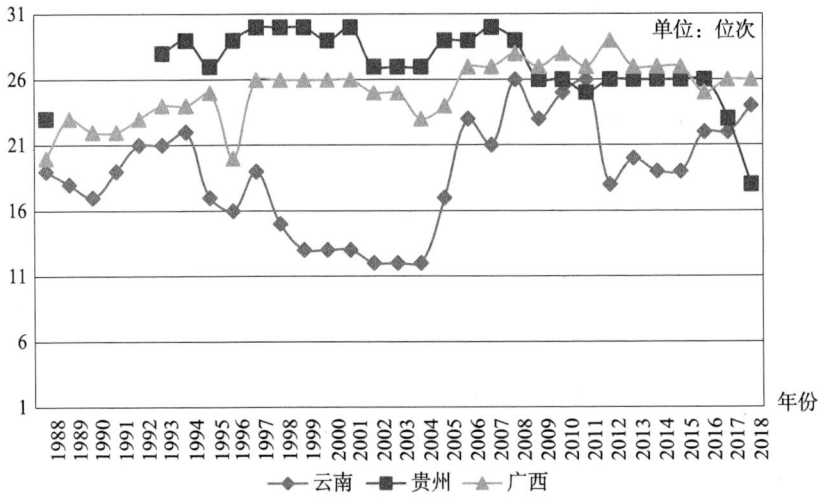

图3-3 1988—2018年云南、贵州和广西技术合同成交额在全国的排名

数据来源:《中国科技统计年鉴》(1992—2013年)、《全国技术市场统计年度报告》(2014—2019年)。

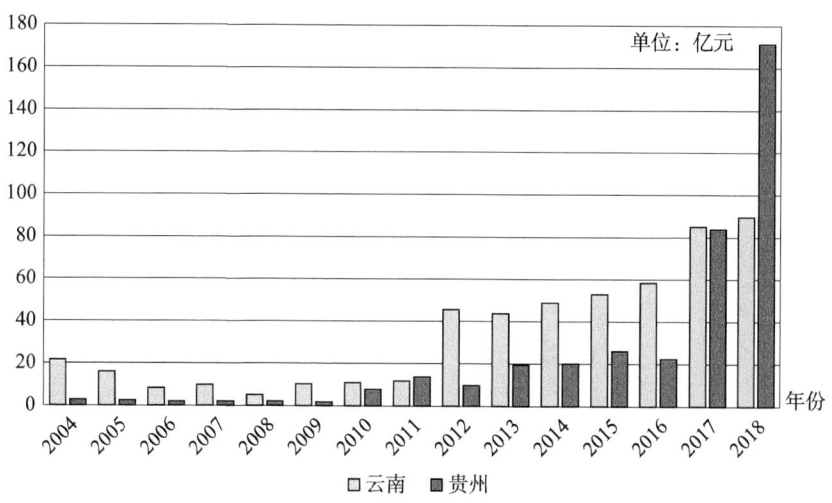

图 3-4　2004—2018 年云南和贵州技术合同成交额对比

数据来源：《中国科技统计年鉴》（2005—2013 年）、《全国技术市场统计年度报告》（2014—2019 年）。

四、科技资源配置方式有待改进

一是五大计划相对分割，相互间的衔接、联动不够，基于重大任务、重大需求的项目、资金、人才、平台等资源一体化配置方式还未形成；基础研究、应用基础研究和技术创新研究之间的融通不够，不利于重点领域的突破、颠覆性技术的产生和新兴产业的培育壮大。重大科技专项计划和重点研发计划的定位在实际执行中难以体现。二是目前的项目凝练方式难以使项目真正聚焦到重点产业、民生的关键核心技术需求上。应用基础研究项目凝练的主体单一，缺乏市场主体的参与；技术创新研究项目凝练过于强调云南省单一企业的需求，弱化了产业关键共性和核心技术的需求。三是科技计划开放度不够。从指南征集、编制、发布，到项目申报、实施、评估，都基本面向省内的创新主体、专家等。目前的科技计划更多从"我有什么"出发，相对封闭的支持方式难以产生科技创新的重大突破。四是重大项目、重大平台建设缺乏省级各部门之间和省、市、县之间的协同联动机制，在重大任务实施过程中，难以形成跨部门、跨区域的合力支持。

五、科技创新环境需进一步优化

随着"放管服"改革的深入推进,云南省创新环境有所改善,云南省创新环境综合指标排名从 2010 年的第 30 位提升到 2018 年的第 27 位。但从二级指标来看,创新基础设施条件、金融环境等仍需强化。一是通信、信息、创业孵化等基础设施条件较落后。移动电话普及率和科技企业孵化器数量全国排名靠后,分别落后贵州 4 位和 3 位;互联网普及率全国居末位。二是金融环境不优。企业研发经费获得贷款的金额少,规模以上工业企业研发经费内部支出额中平均获得金融机构贷款额排名第 29 位,落后贵州 13 位;科技企业孵化器融资能力不强,当年获风险投资额和基金总额在全国排名靠后,分别落后贵州 1 位和 9 位。产业配套体系不完善,导致部分本土科技成果无法在滇转化,省外的高技术成果和企业难以引进。

第三节 云南科技创新发展远景与展望

翻开 70 年的历史长卷,镌刻着广大科技工作者砥砺奋进的身影,谱写着科技事业波澜壮阔的壮丽篇章。站在新起点,回顾过去,展望未来,我们必须以习近平新时代中国特色社会主义思想为指导,全面贯彻落实党的十九大确定的目标任务,以及习近平总书记对云南工作的重要指示精神,践行新发展理念,深入实施创新驱动发展战略,坚持"三个面向",聚焦高质量跨越式发展,在迈向建设科技创新强省的新征途中,攻坚克难,矢志奋斗,铸就新辉煌!

一、面向未来,云南科技创新必须始终坚持党的领导,坚定发展方向

70 年实践启示我们:中国共产党的领导是中国特色科技创新事业不断前进的根本政治保证。习近平总书记强调,"正是因为始终坚持党的集中统一领导,我们才能实现伟大历史转折、开启改革开放新时期和中华民族伟大复兴新征程"。在推进新时期科技支撑云南高质量跨越式

发展新征程中,我们要更加坚定地以习近平新时代中国特色社会主义思想为指导,全面贯彻党的十九大和十九届二中、三中、四中全会精神,以及习近平总书记考察云南重要讲话精神,坚持把党的政治建设摆在首位,树牢"四个意识",坚定"四个自信",坚决维护习近平总书记党中央的核心、全党的核心地位,坚决维护党中央权威和集中统一领导,自觉在政治立场、政治方向、政治原则和政治道路上同以习近平同志为核心的党中央保持高度一致。坚持政治性是第一属性、讲政治是第一要求,坚定政治信仰和政治立场,进一步提高担当政治使命、履行政治责任、增强政治能力的思想自觉和行动自觉,坚持和加强党对科技工作的全面领导,不断提高新时代推动科技改革发展的本领和能力。

二、面向未来,云南科技创新必须始终聚焦经济社会发展重大需求,持续提升科技供给能力

70年实践启示我们:科学技术是第一生产力,抓好科技创新、加强科技供给,就抓住了牵动发展全局的"牛鼻子"。改革开放提出"科学技术必须为经济建设服务,科技与经济、社会协调发展";1985年提出"面向""依靠"科技发展方针,即经济建设要依靠科学技术,科学技术要面向经济建设;2006年,明确提出"自主创新,重点跨越,支撑发展,引领未来"的十六字方针;2016年,习近平提出为我国科技创新指明主攻方向的"三个面向",即面向世界科技前沿、面向经济主战场、面向国家重大需求。科技创新的价值必须更好体现在产业转型升级、经济发展方式转变、社会进步、民生改善和公共安全等方面。在推进新时期科技支撑云南高质量跨越式发展新征程中,云南科技要继续聚焦发展八大重点产业、打造世界一流"三张牌"、建设"数字云南"、建设中国最美丽省份、深入实施乡村振兴战略等重大需求,完善重构科技创新体系,坚持走差异化、特色化发展道路,强化科技在全社会创新意识引领和现代化产业体系建设中的支撑作用,集中力量支持经济社会高质量发展急需的关键领域科技创新,补短板、挖潜力、增优势、争先进位、跨越赶超,强化支撑引领,以精准高效科技供给撬动云南高质量跨越式发展。

三、面向未来，云南科技创新必须始终坚持主动服务和融入国家发展战略，不断扩大高水平科技对外开放

70年实践启示我们：只有立足需求、发挥优势、主动服务和融入国家发展战略、推动科技高水平对外开放，才能弥补短板，不断提升科技创新能力。习近平总书记强调，"云南经济要发展，优势在区位，出路在开放""要主动服务和融入国家重大发展战略，以大开放促进大发展，加快同周边国家互联互通国际大通道建设步伐"。在推进新时期科技支撑云南高质量跨越式发展新征程中，云南必须始终全面贯彻落实习近平总书记关于新时代扩大高水平开放的重要讲话精神和对云南工作的重要批示精神，把自身放在科技创新全球化趋势下来思考和谋划，放在新时代我国科技对外开放和区域协调发展的大格局中进行定位，厘清思路，找准突破口，主动服务和融入国家发展战略，深化面向南亚东南亚科技创新中心建设。着力解放思想，深化互利共赢理念和开放合作机制创新，不求所有、但求所用，站在国内国际两个市场上构建完善开放的云南创新体系，以开放牵引更大范围、更高层次、更有效率配置创新资源，塑造云南高水平、全方位开放创新新格局，在大引进、大合作、大集成基础上提升云南省自主创新能力。高水平创建国家滇中自主创新示范区、临沧国家可持续发展议程创新示范区、国家科技成果转移转化示范区、区域性国际科技创新中心，打造科技创新承载地、辐射源。加快科技计划面向国内外全面开放，推进重大创新难题国内外协同攻关；积极推动国内创新集聚区与省内州市形成创新联动发展机制，加强集聚区成果和产业技术向州市转移转化，将云南建成我国面向南亚东南亚的开放创新高地。

四、面向未来，云南科技创新必须坚持问题导向，持续深化科技体制机制改革，不断强化推动自主创新的制度保障

70年实践启示我们：科技体制改革是点燃科技创新这个新引擎必不可少的点火器，是激发创新活力的关键。习近平总书记指出，"创新决胜未来，改革关乎国运""科技领域是最需要不断改革的领域；

推进自主创新，最紧迫的是要破除体制机制障碍，最大限度地解放和激发科技作为第一生产力所蕴藏的巨大潜能"。在推进新时期科技支撑云南高质量跨越式发展新征程中，云南必须以重构科技创新体系为重点，以完善科技创新体制机制为动力，推进科技创新治理体系和治理能力现代化。赋予科研单位科研项目经费管理使用自主权和科研人员更大技术路线决策权，改进财政资金配置方式。建立以科技创新质量、贡献、绩效为导向的分类评价体系。继续清理有悖于激励创新的陈规旧章，把人的创造性活动从不合理的经费管理、人才评价等体制中解放出来。开展创新政策先行先试，依托自由贸易试验区等国家级平台，在职务科技成果权属、科技对外开放、产业数字化转型等政策方面有选择性地开展改革试点，形成一批可复制、可推广的试验示范成果。大力弘扬科学精神和创新文化，加强科研活动全流程诚信管理，建立科研信用评级管理制度，建立严重违背科研诚信要求的预警名单和"黑名单"制度，加大对科研造假等学术不端行为的惩治力度。建立完善科研伦理和科技安全审查机制。引导科技工作者增强法制观念，依法开展科技创新活动。

附表1 云南省主要科技规划

《云南省科学研究初步规划（1958—1962）》
《云南省科技发展十年规划（1963—1972）》
《云南省"三五"科技发展规划和远景规划（1966—1970）》
《云南省科技发展"四五"规划（1971—1975）》
《云南省科技长远发展规划纲要（1978—1985）》
《云南省科学技术"六五"规划和十年设想》
《云南省1986—2000年科学技术发展纲要》
《云南省"七五"科技发展规划（1986—1990）》
《云南省"八五"科技发展规划（1991—1995）》

续表

| 《云南省"九五"科技发展规划（1996—2000）》 |
| 《云南省"十五"科技发展规划（2001—2005）》 |
| 《云南省"十一五"科技发展规划（2006—2010）》 |
| 《云南省中长期科学和技术发展规划纲要（2006—2020）》 |
| 《云南省"十二五"科技发展规划（2011—2015）》 |
| 《云南省"十三五"科技创新规划（2016—2020）》 |

附表2 中华人民共和国成立70年云南科技成就数据（部分）

序号	类别	基期 年度	基期 数值	末期 年度	末期 数值	增幅（倍）
1	R&D经费（亿元）	1998年	4.46	2018年	187.3	42
2	省级财政科技投入（万元）	1957年	222	2018年	161300	727
3	科技人员（万人）	中华人民共和国成立初期	<2	2018年	>300	>150
4	R&D人员（万人）	2006年	1.60	2018年	8.22	5
5	专利申请量（件）	1986年	186	2018年	36515	196
6	专利授权量（件）	1986年	35	2018年	20340	581
7	技术合同成交金额（万元）	1988年	4104	2018年	896100	218
8	国家高新技术企业工业总产值（亿元）	2007年	718.72	2017年	2595.68	3.6
9	国家高新技术企业营业收入（亿元）	2007年	767.83	2017年	3922.30	5
10	国家高新技术产业开发区营业收入（亿元）	1992年	26.92	2017年	2078.74	77

续表

序号	类别	基期		末期		增幅（倍）
		年度	数值	年度	数值	
11	高技术产业 R&D 经费（亿元）	2009 年	1.37	2017 年	8.86	6

附件　云南省科技计划项目设立及调整情况

"七五"期间，云南省科学技术委员会主要设置了科技重大（攻关）计划、软科学研究计划、星火计划、应用基础研究计划、科技成果试验示范计划和火炬计划等，初步形成了与国家科技计划衔接的面向经济建设主战场、跟踪高新技术并推动其产业发展、加强基础性研究三个层次的科技工作发展格局。

"八五"期间，省科技计划继续坚持"经济建设必须依靠科学技术，科学技术工作必须面向经济建设，努力攀登科学技术高峰"的方针，强调科技与经济的紧密结合，促进科技与教育、科技与金融的结合，对计划设置进行了适当调整。将星火计划、火炬计划和科技成果试验示范计划合并为科技产业开发计划，新设立国际科技合作计划，调整设立了农村科技试验示范计划。省科技计划体系按照三个层次、六项计划部署。

"九五"期间，省科技计划贯彻落实党的十五大和十五届三中、四中、五中全会及全国科技大会、全国技术创新大会、省第六届党代会精神，围绕促进科技与经济结合的关键环节，以推动科技成果转化为核心，精心组织"面向经济建设主战场、发展高新技术及产业化、加强基础性研究"三个层次的科技计划，设立了重大项目研究计划、应用基础研究计划、科技攻关计划、科技产业开发计划、农村科技扶贫计划、软科学研究计划、国际科技合作计划、省院省校科技合作计划等主体计划，新设立科技型中小企业技术创新、新药研究开发和优质农产品开发示范等专项计划。

"十五"期间,省科技计划工作全面贯彻科学发展观,在参照国家科技计划体系设置的基础上,结合云南科技工作实际需要,在"促进产业技术升级"和"提高科技持续创新能力"两个层面进行部署,设置了应用基础研究、科技合作、技术创新、科技创新条件及产业化环境建设四个板块的执行计划。

"十一五"期间,省科技厅按照体现政府目标、加强统筹协调的要求,以加强自主创新为核心,围绕实施五大创新行动和十个重大专项,设立了科技创新强省、重点新产品开发、社会发展、科技条件平台建设和科技富民强县五大科技计划,着力培育一批创新型重点企业,支持一批对云南经济社会发展有支撑引领作用的重大项目。

"十二五"期间,进一步突出省科技计划支撑引领全省经济社会发展的重要作用,科技计划体系调整为重大科技专项、科技创新强省计划、重点新产品开发计划、应用基础研究计划、科技创新人才计划、科技创新平台建设计划、社会发展科技计划、对外科技合作计划和科技富民强县计划9类科技计划。以重大科技专项、科技创新强省计划和重点新产品开发计划为主,强化自主创新产品的开发及重大科技成果的转化和产业化;统筹社会发展科技计划、科技富民强县计划,推进民生和农业农村领域的成果转化;强化与发达国家和先进省(区、市)的科技合作,充分利用国内外科技资源,提升云南省自主创新能力。

"十三五"期间,印发实施《云南省财政科技计划(专项、基金等)管理改革方案》(云政发〔2016〕21号)。将原有的9类科技计划优化整合,形成基础研究计划、重大科技专项计划、重点研发计划、创新引导与科技型企业培育计划、科技人才和平台计划5类科技计划,并明确了从8个方面对管理体系进行改革,研究制定了5类科技计划管理办法和设置方案。

第二篇 战略篇

第四章 科技创新发展的战略环境

回顾近代世界,抓住科技革命机遇的国家率先实现了现代化。进入新时代,世界格局风云变幻,科技创新比历史上任何时期都要活跃。经过70余年的努力奋斗,中国站在了实现跃升发展的历史新起点上,云南乘势而上,正从国家战略实施的"边陲末梢"走向"前沿阵地",努力成为我国面向南亚东南亚的科技创新中心。面向未来,国家战略的实施迫切需要科技创新发挥更直接、更强劲的支撑和引领作用。

第一节 新时期科技创新发展的大环境

国际形势复杂多变,创新多极化、经济全球化深入发展,我国经济正在由高速增长阶段向高质量发展阶段迈进,科技创新日益成为推动国家发展的核心动力。我们必须深刻理解把握内外部大环境的变化,把科技创新作为最核心、最关键、最可持续的竞争力。

一、世界正经历百年未有之大变局

习近平总书记多次指出,当今世界正经历百年未有之大变局,这是对国际形势的重大研判和科学概括。过去几百年,以西方国家为核心的国际格局正在悄然发生变化,从国际力量对比来看,"东升西降""南升北降"的态势十分明显,新兴经济体正在群体性崛起,加快了全球政治经济版图重塑。世界经济发展面临诸多不确定性,建立在水平分工基础上的全球产业链在不断调整重构,出于产业链布局的安全性考虑,发达国家加快推动制造业"回流",正在逐步转移和重新布局供应链、产业链、创新链。全球化进程受到大国博弈和冲突加剧的影响，速度进一步放缓，并出现了一系列"逆全球化"的声音，贸易保护主义思潮抬头，多边贸易体制陷入泥潭，以美国为首的西方资本主义国家挑起贸易战、科技战，力图通过"冷战"思维和零和博弈打压中国的和平崛起。当前，网络安全、虚拟经济、气候变化、病毒传播等全球性问题越来越突出，世界面临各种非传统安全的严峻挑战。近年来，中国积极抢抓第四次工业革命机遇，主动融入全球创新网络，在国际事务中频繁发声作为，彰显大国责任和担当，为全球治理提供了中国方案和中国信心。

二、新一轮科学技术革命加速演进

新一轮科技革命迅猛发展，变革的速度、广度、深度及影响前所未有，逐步成为推动世界大变局的主要驱动力。暗物质、引力波、地球深部探测、生命起源等一些重大科学理论和基础前沿领域正在酝酿原创性突破。科学技术诸多领域在交叉汇聚过程中，呈现出多源爆发、交汇叠加的趋势，带动绿色、智能、泛在为特征的群体性重大技术变革。全球科技创新进入高度密集活跃期，大量前沿科技、黑科技、硬科技持续涌现，信息技术与生物技术不断融合，人工智能、量子信息、区块链、脑科学、干细胞、基因编辑等新兴技术加速迭代，催生出智能制造、无人服务、替代食物、主动健康、未来城市等一系列新产品、新模式、新业态。科技的渗透性、扩散性、颠覆性特征，对人类生产方式、生活方式和思维方式产生深刻影响。科技创新范式正在发生深刻变化，科研活动呈现多元化、网络化、平台化新特点，创新城市集群化发展特征突出，科技的复杂性和不确定性日益凸显，对科技创新治理提出了新要求。

三、国际创新战略格局发生新变化

科技革命通过科技成果的产业化、市场化，催生出新行业、改造传统产业、塑造产业格局，推动产业革命持续进化。经济发展的历史实际上伴随着科技创新引起产业革命的历程，因此科技创新日益成为引发国际格局和治理体系重构的核心变量，作为第一生产力，科技的革命成为导致生产关系和上层建筑层面世界格局演变的最根本动力。为在战略必争领域赢得一席之地，世界各主要国家（地区）不断强化创新部署。美国推出第三版《美国国家创新战略》，提出维持创新生态系统的六个关键要素，强调重点发展先进制造等九大战略领域。日本在《第五期科学技术基本计划（2016—2020）》中提出了"超智能社会"（5.0社会）战略。英国公布《我们的增长计划：科学和创新》和《英国工业2050战略》，把科技创新置于长期经济发展计划的核心位置，提出大数据等八个前瞻技术领域。德国推行《新的高技术战略——创新为德国》，强调创新不仅包括技术创新，还包括社会创新，将社会作为发挥作用的重要参与者。欧盟实施"欧洲2020战略"，发布了一套关于数字时代发展的远景战略。可见，依靠科技创新培育新的经济增长点、抢占未来发展制高点已成为世界发展大势。

四、我国经济社会发展迈入新阶段

我国经过70年的改革发展，创新能力和效率大幅提升，一系列创新成就实现了历史性飞跃，2019年，国家综合创新能力世界排名上升到第15位，全社会研发投入占GDP的比重达2.19%，高于欧盟15国平均水平，稳步走上了一条从人才强、科技强到产业强、经济强、国家强的发展路径，已成为具有重要国际影响力的科技大国。随着改革发展的日益推进，我国正处在转变发展方式、优化经济结构、转换增长动力的攻关期，结构性、体制性、周期性问题相互交织，"三期叠加"影响持续深化，经济下行压力加大；人均GDP已超过1万美元，向高收入阶段迈进，需求结构将发生重大调整，亟须依靠科技创新为"平衡"和"充分"发展提供强大支撑。同时，人口老龄化、重大传染病疫情等也对社会治理提出了新的更高要求，如果不能在科技创新上取得重大突破，就难以破解当前面临的经济发展瓶颈和深层次社会问题。

第二节　新时代科技创新的战略思想

党的十八大以来，以习近平同志为核心的党中央把创新摆在国家发展全局的核心位置，高度重视科技创新，围绕实施创新驱动发展战略，提出了一系列新思想、新论断、新要求，深刻诠释了科技创新在国家战略实施中的核心地位和引领作用。

一、创新发展居五大发展理念之首

党的十八届五中全会提出创新、协调、绿色、开放、共享的发展理念，其中创新发展位列"五大发展理念"之首。把创新摆在国家发展全局的核心位置，代表了当今世界发展趋势，指明了我国发展的方向和要求。从国际看，一个国家走在世界发展前列、屹立于世界民族之林，根本靠创新。新一轮科技革命和产业变革引发经济社会深刻变革，世界大国都在不断强化创新部署，我国创新底子薄、创新力量相对不足，只有把创新发展放在我国发展全局的核心位置，才能适应和引领时代发展大势，赶上世界创新发展脚步，引领世界创新发展潮流。从国内看，创新已成为决定我国发展前途命运的关键、增强我国经济实力和综合国力的关键、提高我国国际竞争力和国际地位的关键，只有把创新发展放在我国发展全局的核心位置，才能促进国家长治久安、民族永续发展。立足新时代，把创新放在发展全局的核心位置，必然推动我国发展全局发生根本变化、整体变化和长远变化。

二、创新是引领发展的第一动力

抓创新就是抓发展，谋创新就是谋未来。❶创新始终是推动一个国家、一个民族向前发展的重要力量，也是推动整个人类社会向前发展的重要力量。党的十九大报告指出，中国特色社会主义进入了新时

---

❶ 中共中央文献研究室. 习近平关于科技创新论述摘编[M]. 北京：中央文献出版社，2016.

代，我国经济发展也进入了新时代，基本特征就是我国经济已由高速增长阶段转向高质量发展阶段。适应和引领我国经济发展新常态，关键是要依靠科技创新转换发展动力。习近平总书记强调"加快建设创新型国家"，明确"创新是引领发展的第一动力，是建设现代化经济体系的战略支撑"。身处创新时代，面对激烈竞争，不创新不行，创新慢了也不行，创新能力越发成为国际经济竞争甚至综合国力竞争的关键所在，只有不断提升科技创新能力，才能更好地应对发展环境变化、把握发展自主权、提高核心竞争力，才能更快地实现经济发展方式转变、破解经济发展深层次矛盾和问题，才能更好地引领我国经济发展新常态、保持我国经济持续健康发展。科技创新越来越成为发展生产力的重要基础和标志，越来越决定着一个国家、一个民族的发展进程。

三、科技创新是全面创新的核心

创新是多方面的，包括制度创新、模式创新、文化创新等，其中科技创新地位和作用十分显要。习近平总书记在主持召开中央财经领导小组第七次会议并发表重要讲话时强调，实施创新驱动发展战略，就是要推动以科技创新为核心的全面创新。当前，无论是大力发展实体经济、改造提升传统产业、巩固发展优势支柱产业，还是培育壮大战略性新兴产业、做大做强做优先进制造业、推动产业集成集约集群发展、提高企业核心竞争力，都离不开科技创新。科技是引领创新的第一要素。面对科技创新发展新趋势，世界主要国家都在寻找科技创新的突破口，抢占未来经济科技发展的先机。中国经济发展的不少领域大而不强、大而不优，长期以来主要依靠资源、资本、劳动力等要素投入支撑经济增长和规模扩张的方式已不可持续，正面临着动力转换、方式转变、结构调整的繁重任务，我们必须紧紧抓住和用好新一轮科技革命和产业变革的机遇，抓住了科技创新，就抓住了牵动我国经济发展全局的"牛鼻子"。

第三节　云南服务和融入国家发展战略的科技创新需求

新时期，站在国家发展全局审视云南经济社会发展，全面推动科技创新发展要有新理念、新战略、新作为，需要在国家创新体系中寻找新位置、高质量跨越式发展中提供新支撑、国家科技对外开放中担当新使命、区域创新驱动发展中探索新模式，主动服务和融入国家发展战略。

一、需要在国家科技创新体系中寻找新位置

党的十八大以来，习近平总书记亲自谋划、亲自部署，对加强国家创新体系建设多次提出明确指示，要求围绕解决区域创新发展不平衡不充分问题，进一步完善国家创新体系。多年来，云南省努力建设具有地方特色的区域创新体系，但仍然存在创新资源配置不聚焦、"撒胡椒面"、区域创新体系效能不高等问题。加强科技创新体系和能力建设是影响云南未来发展的全局性工作，云南需要在国家创新体系中寻找新位置，通过"引进拓宽增量，优化整合存量"的方式，破立结合，加快云南科技创新体系重构，优化重大创新资源布局，明确创新主体功能定位，完善科技创新政策体系，破除体制机制障碍，促进创新链各环节融通发展，实现人才、项目、平台的一体化部署，提升创新体系整体效能，努力取得一批一流成果，探索边疆欠发达地区科技创新的新路子，在创新型国家建设中占有一席之地，服务国家区域重大发展战略。

二、需要在高质量跨越式发展中提供新支撑

经过多年的积累和持续攻关，科技创新在云南经济发展、社会进步、民生改善、边疆稳定中发挥了重要作用。当前，云南正处在深入贯彻落实习近平总书记对云南发展新要求、践行五大发展理念的重要时期，进入决胜脱贫攻坚、共享全面小康、实现第一个百年奋斗目标

的关键阶段，科技创新水平不高、科技创新供给能力不足，很难适应高质量发展的要求，比历史上任何时期都更需要提高科技创新支撑能力。要实现高质量跨越式发展、把云南建设成为中国最美丽省份，需要着眼于国家战略实施、"三个定位"要求，聚焦云南重点产业发展、乡村振兴、生态环境保护等重大创新需求，以科技供给侧结构性改革为主线，提供高质量的科技供给，从根本上推进发展动能转换，增强科技创新对经济社会发展的贡献度，为实现高质量跨越式发展提供动力支撑。

三、需要在国家科技对外开放中担当新使命

随着全球经济一体化进程不断深化，创新资源越来越明显地突破组织、地域、国家的界限，世界正进入以创新要素全球流动为特征的开放创新时代。国家领导人在国际多边场合多次强调："中国开放的大门不会关闭，只会越开越大。"近年来，美国挑起的以科技为主的贸易战，给我们带来了严峻的挑战，同时也应看到拓展多边合作的机遇。特别是习近平总书记对"云南经济要发展，优势在区位、出路在开放"的重要指示精神，为云南服务和融入国家发展战略、更好发挥对外开放"窗口"作用创造了新的需求。面向未来，云南应加快完善国内区域创新合作体制机制，对内主动融入粤港澳大湾区、长三角等区域发展战略；充分发挥面向南亚东南亚的区位和特色领域科技创新优势，对外服务支撑国家"一带一路"倡议实施，在国家科技对外开放大局中担当新使命。

四、需要在区域创新驱动发展中探索新模式

云南区域发展不平衡不充分的问题十分突出，从全国来看，随着东部地区的快速发展，东西部地区发展差距日益增大，区域分化现象逐渐显现；从全省来看，滇中地区发展好，滇西北、滇东北等高寒山区和少数民族聚居地区普遍发展滞后，且差距扩大趋势仍未缓解。作为"一带一路"、新一轮西部大开发、长江经济带发展等几大国家发展战略的重要交汇点，我国连接南亚东南亚的重要大通

道，云南战略地位日益突出，必须积极探索区域创新驱动发展路径、模式，切实增强区域发展的造血功能和内生动力，有效缩小区域发展差距，破解区域发展的突出问题，促进区域间发展向更高水平和更高质量迈进，走出一条欠发达地区创新驱动发展道路，形成创新驱动发展的"云南模式"。

第五章 服务和融入国家发展战略的科技创新经验启示

面向全局和未来,国家按照体系化构建的思路,整体上考虑发达地区和欠发达地区的创新优势特色,不断优化区域创新布局。国内部分省(区、市)基于战略考量,积极响应并主动服务和融入国家发展战略,抓住新时代国家区域创新发展战略转型契机,先后提出了各具特色的科技创新发展战略目标并开展探索实践。从实践经验来看,发达地区站位高、标准高,注重系统布局和制度创新,而欠发达地区抓机遇、抓特色,注重比较优势和借力发展,这些经验启示值得总结借鉴。

第一节 发达地区经验与启示

发达地区科技创新基础条件优越,创新实力雄厚、创新生态良好,在发展战略选择上瞄准打造世界级创新高地的目标,塑造创新型国家核心支柱和动力源,以引领全国乃至全球区域创新发展。

一、实践经验

(一)北京打造具有全球影响力的科技创新中心

早在2013年,国家领导人就已提出北京要加快向具有全球影响力的科技创新中心进军的要求。北京充分发挥高端人才、科技基础条件平台等创新资源集聚的优势,按照"三步走"战略目标,着力打造具有全球影响力的科技创新中心。通过几年的建设发展,北京科技创新中心集聚了一批顶尖科学家，量子、超半导体等研究领域多项重量级原创成果实现世界首创，在全国科技创新中的核心功能得到进一步强化，科技创新能力引领全国。

北京的实践经验：一是把习近平总书记关于科技创新发展的重要指示精神作为推动北京建设具有全球影响力科技创新中心的根本遵循，强化首都作为全国科技创新中心的战略定位，始终将主动服务和融入国家创新驱动发展战略放在首位，高位推动落实京津冀协同发展战略，规划建设中关村科学城、怀柔科学城、未来科技城三大科学城，加强原始创新和基础研究，围绕各类创新主体的发展诉求，主动搭平台、建机制、出政策、促转化。❶将央地协同、部市联动作为重要突破口，积极协同央地科技资源服务全国创新发展。二是对标对表世界级科技创新中心，坚持科技创新和体制机制改革双轮驱动。在体制机制层面统筹建立推进科技创新中心建设领导协调机制，凝聚共识、形成合力，建立科学评价体系，有效监测科技创新中心朝着更高水平建设发展。在政策层面出台"科创30条"，通过创新性、突破性政策先行先试，增强创新动力和活力。在项目层面，承接国家科技创新重大专项，超前谋划、靠前服务，重点围绕新一代信息技术、智能制造、生物医药、新能源汽车、节能环保等领域实施技术创新跨越工程，不断加强北京全国科技创新中心建设。

（二）上海打造具有全球影响力的科技创新中心

2014年5月，习近平总书记考察上海时提出，上海要加快建设具有全球影响力的科技创新中心。上海充分发挥张江国家自主创新示范区与自贸试验区的"双自"联动优势，加快建设上海张江综合性国家科学中心，在信息技术、生命科学、高端装备领域建设关键共性技术研发平台，实施引领产业发展的重大战略项目和基础工程，在光子领域基本建成具有世界领先水平的科学设施群，涌现出体细胞克隆猴等

---

❶《国务院关于印发北京加强全国科技创新中心建设总体方案的通知》（国发〔2016〕52号）

引领世界科技前沿的原创性成果。❶

上海的实践经验：一是立法保障科技创新中心建设。成立了由市人大常委会副主任和副市长担任组长的科技创新中心建设条例起草工作领导小组，制定了《上海市推进科技创新中心建设条例》，更加注重创新策源能力提升，战略性科技力量的培育，人才环境、社会环境、金融环境和知识产权等创新生态的构建，通过立法将行之有效的改革创新举措转化为制度性安排。二是构建科技创新监测评价体系。自2016年起每年发布上海科技创新中心指数报告，围绕集聚力、影响力、引领力、带动力、吸引力"五力"建立指标体系，利用大量的统计数据，综合、客观及动态地反映科技创新建设的总体进展情况，形成指数报告和相关研究成果，为创新中心建设发展提供决策参考和依据。三是融入国家区域创新战略布局，把长三角战略作为科技创新中心建设的重要一环，打破行政区划、条块分割，释放创新资源活力，通过科技创新券政策、科创板制度，加快促进"技术、人才、信息、资本"在长三角充分流动，积极探索协同开放、融合融通的区域创新发展道路。

（三）深圳打造大湾区国际科技创新中心

深圳是粤港澳大湾区的重要创新增长极，《粤港澳大湾区发展规划纲要》明确要求发挥深圳作为经济特区、创新型城市的引领作用，加快建设粤港澳大湾区国际科技创新中心。深圳举全市之力，布局重大科研平台、汇聚国际水准科研团队，带动香港、澳门融入国家创新体系。近年来，深圳已成为国际化创新型城市，并获中共中央、国务院支持建设中国特色社会主义先行示范区，在构建高质量发展的体制机制上走在全国前列。

深圳的实践经验：一是加快区域创新一体化发展，推动粤港澳科技创新深度融合。深圳主动服务粤港澳大湾区发展，利用"一国两制"之利，打破行政区划界限，通过科技城、高新区、高技术产业基

---

❶ 《国务院关于印发上海系统推进全面创新改革试验 加快建设具有全球影响力科技创新中心方案的通知》（国发〔2016〕23号）

地等载体，推进"广州—深圳—香港—澳门"科技创新走廊建设，把广州、深圳、香港、澳门创新发展紧密连接起来，利用国家科技战略资源和国际化创新资源共同争取国家实验室，大科学装置落户粤港澳大湾区，打通科研经费跨境便利拨付使用的渠道，实现粤港澳创新要素互联互通，构建开放型融合发展的区域协同创新共同体。二是加快创新资源在全球配置，深度融入全球创新网络。把开放创新和协同创新结合起来，积极引入和对接全球科技创新资源，推动创新资源汇聚。在政策创新和制度创新等方面持续发力，开放科技计划，设立联合创新专项资金，允许科研资金跨境使用，开展知识产权证券化试点，推动创新活动组织实现国际化。瞄准世界科技和产业发展前沿，大力发展新技术、新产业、新业态、新模式，建设全球科技创新高地和新兴产业重要策源地，推动创新规则的国际接轨。❶

（四）江苏建设具有全球影响力的产业科技创新中心

江苏把产业科技创新作为对接和服务国家现代化经济体系建设的切入点，巩固和提升制造业竞争优势，构建一流产业科技创新载体、开放式产业科技创新网络、与国际接轨的产业科技创新生态，支撑国家战略性新兴产业融入全球产业科技创新大格局。在科技创新的牵引带动下，纳米、物联网、光伏等产业领域创新进入世界高地，产业科技创新的国际影响力持续提升。

江苏的实践经验：一是聚焦产业科技创新。江苏主动顺应新一轮科技革命和产业变革的新趋势、新变化，厘清科技创新的主攻方向，立足加快转型升级和提升产业分工国际地位的迫切需求，体现国家创新战略大框架下的分工和特色，发挥创新资源丰富、研发力量雄厚和产业基础好、开放度高的综合优势，建设具有国际竞争力的先进制造业基地，实施产业创新国际化行动计划，打造与国际接轨的产业科技创新生态，致力于推进科技产业服务集群化发展，提升江苏科技产业特别是制造业的技术层次和国际竞争力。二是开辟科技体制改革"实

---

❶《粤港澳大湾区发展规划纲要》

验田"。将江苏省产业技术研究院作为国家科技体制改革试点,探索新型研发机构发展的新机制、新模式,助力产业转型升级和高质量发展。出台"科技创新40条""人才新政26条""科技改革30条""知识产权18条"等政策,为产业技术研究院改革创新提供了充足的"炮弹"。在"一所两制"、合同科研、项目经理和股权激励等改革中先行先试,将技术作为商品、研发作为产业,打通科技与产业融合发展的通道。

二、对云南的启示

(一)注重科技创新顶层设计

科技创新战略和任务的顺利实施,除了要有系统性的顶层设计和布局外,高层的重视程度也会影响战略目标的实现。四个科技创新中心始终坚持高位推动,将主动服务和融入国家创新驱动发展战略的使命放在首位,把科技创新中心建设作为科技创新工作的总抓手,高规格建设科技创新中心。北京、上海两个科技创新中心纳入国家科技创新规划,深圳科技创新中心纳入《粤港澳大湾区发展规划纲要》,江苏产业科技创新中心积极争取纳入国家中长期科技规划。同时,四个科技创新中心都有具体的实施方案或规划,以及配套的创新性政策措施。国务院分别印发北京和上海科技创新中心建设方案,江苏印发产业科技创新中心建设若干政策措施。通过战略层面的顶层设计,再到具体的政策支持的执行操作层面,自上而下,层层递进,更加有利于科技创新战略目标的实现。

(二)强化科技创新制度保障

制度创新是激发科技创新活力、提升科技创新水平的有效途径。上海发布了科技创新中心建设条例,在科创板上市、科技投资、诚信伦理等方面做了规定,将"宽容失败、轻微违法不罚"写入立法内容,为落实国家重大战略提供了法制保障。粤港澳大湾区积极开展立法调研,在"一国两制"框架下深入研究协同立法和政策衔接,确保重大改革于法有据。云南科技创新要实现质的飞跃,就必须在制度创新上下更大的功夫，形成良好的创新环境。通过地方性法规进一步强化科技创新工作，把科技创新改革实践中一些行之有效的经验做法转化为政策措施，将需要从制度层面解决制约创新的障碍问题纳入地方立法日程，有利于通过制度创新推动科技创新。

（三）加强科技创新监测评价

建立健全科技创新监测制度，构建科学的评价体系是促进高质量发展的重要方法。上海、北京参考"全球创新指数""欧盟区域创新记分牌""国家创新指数"等评价体系，结合科技创新中心功能和内涵，分别构建了各自的评价指标体系，通过制定和发布科技创新指数，测度科技创新中心建设进展。当前，云南正在全力建设面向南亚东南亚科技创新中心，在实践过程中应该加强监测评价，建立监测评价机制。一方面要学习借鉴国际创新发展的指标，突出云南的区域特征和创新发展阶段特征，充分考虑数据来源的可靠性、连续性以及与类似地区对标的可比性，构建符合云南需求的测度评价指标体系；另一方面要注重评价结果的应用，根据测度评价结果反映出的科技创新态势、问题和差距，及时调整完善相关创新政策，为修正创新目标任务提供科学依据。

第二节 欠发达地区经验与启示

欠发达地区科技创新基础条件有限，创新水平和能力薄弱、创新生态环境欠佳，在发展战略选择上更多地突出各自创新发展的特点和优势，探索各具特色的差异化科技创新发展之路，力争在全国科技创新发展大局中占有一席之地。

一、实践经验

（一）四川建设国家创新驱动发展先行省

四川省科技创新水平处于西部地区上游，在抓创新改革和谋创新发展方面一直是西部地区的榜样。"十三五"时期，四川从战略高度谋划科技创新工作，把创新驱动发展作为全省关键标志性抓手，提出加快建设国家创新驱动发展先行省战略目标，形成区域创新高地，引领和带动西部地区创新发展。

四川的实践经验：一是开展产权制度改革试点。四川率先在全国开展职务科技成果权属混合所有制改革试点，选择西南交通大学、四川大学等省内多家高等院校和科研院所，通过建立科技成果转化容错免责机制、探索健全科技成果转化内控管理制度、培育科技成果转化服务机构和专业队伍、落实以增加知识价值为导向的分配政策等，为激发科研单位和科研人员创新活力和潜力创造有利的政策环境，探索科技体制改革路径，为全国提供可复制、可推广的改革举措和经验。随着改革的深入，国务院将该项改革取得的经验纳入《国务院办公厅关于推广第二批支持创新相关改革举措的通知》，在全国8个全面创新改革试验区进行推广。二是优化区域创新布局。四川贯彻落实国家区域协调发展战略，创造性地提出"一干多支、五区协同"发展战略，加快建设全面体现新发展理念的国家中心城市，促进区域协调发展。在科技创新方面，充分发挥成都的"虹吸效应"，集聚科技创新资源，布局国家重大科技平台和创新示范载体，高质量建设成都高新区国家自主创新示范区，打造全国重要的科技中心，以军民深度融合为突破口，建设成德绵协同创新发展示范带，加快推动四川全域创新。

（二）贵州实施区域创新差异化发展战略

贵州坚持创新发展理念，主动适应新常态，以国家战略为导向，聚焦发展和生态"两条底线"，实现后发赶超的战略目标，实施以大数据为引领的区域科技创新差异化发展战略，把大数据发展作为支撑产业转型升级、新经济培育、社会治理的重要途径，千方百计打造大数据发展新引擎，走出一条欠发达地区"无中生有、后发制胜"的发展道路，颠覆了我们对欠发达地区传统追赶发展思想的认识。

贵州的实践经验：一是抢抓科技创新变革机遇。在全国大数据还处于探索发展期，贵州大胆尝试、抢先一步，提出大数据发展的转型方向，在国家大力支持下，通过多个领域先行先试，抢占新兴产业发展机遇，率先将大数据发展的地方性立法提上日程，颁布《贵州省大数据发展应用促进条例》并开展了一系列配套管理制度创新，在全国建立首个国家级大数据综合试验区、首家大数据交易所和国家技术标准（贵州大数据）创新基地，开展政府数据资产登记，参与多项大数据领域国家标准的制定，实施数字经济提升、"大数据助力大扶贫"等大数据战略行动。二是坚定开放融通创新的发展路径。贵州大数据战略是"有为政府"的创造，更是一场发展理念和发展方式的深刻变革，通过加强开放合作，实施"千企改造、万企融合"行动，吸引高通、阿里巴巴、富士康、华为等大数据领军企业携人才和技术入驻，利用外部创新资源和力量为贵州发展把脉开方。同时，加快大数据与实体经济深度融合，把大数据产业应用同经济社会发展紧密结合起来，在旅游、扶贫、交通等领域创新大数据发展模式，深挖大数据发展潜力，培育数字经济新业态。

（三）宁夏打造欠发达地区创新发展样板

宁夏长期以来面临科技创新要素匮乏的困境，人才、技术、企业等创新资源引进十分困难。自治区委员会、政府确立了要大力实施创新驱动、脱贫富民、生态立区三大战略，把落实创新驱动发展战略摆在第一位，探索提升欠发达地区"造血"功能的新模式，开辟了东西科技创新合作共赢、多赢的局面。

宁夏的实践经验：一是多层面抓创新发展。领导组织层面，建立了"双创办"，一手抓协调、一手抓落实。成立创新办公室，一个设在发改委，负责科技创新部署和协调工作；一个设在科技厅，负责开展具体的工作任务，双管齐下，旨在打通实施创新驱动发展战略中的堵点，形成全区各部门共同推动创新发展的合力。基层队伍建设层面，恢复全区22个县（市）区科技局，并独立设置，组织领导干部人员培训考察，巩固和提升科技管理队伍能力。考核机制层面，建立创新发展考核体系，强化党政"一把手"谋创新和抓创新的目标责任，考核对象为市县（区）和自治区有关部门，重点考核各级财政科技投入年增幅、各地级市R&D投入强度等两项指标,将政绩评价和干部使用与创新绩效挂钩。二是探索东西科技合作新机制。积极主动对接科技部落实科技对口支援,建立了"科技支宁"合作机制,与上海、湖北、北京、天津、江苏、山东、浙江、福建8个省市以及中国科学院、中国工程院、中国农科院、浙江大学、江南大学、清华大学、西北农林科技大学、中国载人航天工程办公室8家大院大所和一流高校,搭建起"8+8"科技创新合作框架。通过引入外部高端创新资源,为宁夏破解创新发展难题。

(四)甘肃培育科技改革发展新引擎

甘肃提出绿色崛起发展战略,在推进产业转型发展中深刻吸取祁连山国家级自然保护区生态环境破坏问题的教训,大力开展科技创新改革试验试点,在探索欠发达地区科技创新改革发展中走在了最前面,从而争取到国家的高度关注和倾斜支持,为甘肃服务和融入国家发展战略赢得了先机。

甘肃的实践经验:一是开展科技创新改革试验区建设试点。甘肃于2014年开始,在科技部的推动下,由上海张江国家自主创新示范区对口支持,依托兰州新区、兰州高新技术产业开发区、白银高新技术产业开发区、兰州经济技术开发区开展兰白科技创新改革试验区建设试点,试验区以创建自主创新示范区为目标,以提高区域创新能力为核心,围绕技术转移、园区共建、产业对接、互派干部任职挂职等体制机制和政策创新方面大胆探索、先行先试,着力打造我国向西开放创新高地,成功创建兰白国家自主创新示范区,并成为国家实施创新驱动发展战略在西部欠发达地区的战略平台。二是发布重点产业技术指南。甘肃把科技创新的靶点放在支撑产业高质量发展上,真刀真枪补短板。由省科技厅牵头联合多个部门和行业专家,深入行业、企业调查研究,围绕甘肃提出的十大生态产业,挖掘产业创新需求,了解和掌握影响产业创新发展的"卡脖子"技术和瓶颈问题,编制发布《甘肃省十大生态产业技术引进指南》和《甘肃省十大生态产业省内技术信息服务指南》,为产业发展提供强有力的科技支撑和服务。

二、对云南的启示

（一）抢抓科技创新战略机遇

发展战略的实施是有时间期限的，只有在战略实施的窗口期顺势而为，主动谋定，提高抢抓战略机遇的能力，才能更好地服务和融入国家发展战略。四个欠发达地区在谋创新发展的实践中所表现出来的共性特点是抢抓战略机遇，在改革创新中先行先试，利用科技创新试验、示范、试点的成果，进一步扩大改革创新红利。这些实践经验对于云南而言具有重要的借鉴意义。当前我国处于转型时期，国家对科技创新部署进行的调整会带来诸多机遇和政策红利，云南在国家重大创新布局中需要充分认识和全面把握自身地位作用，抢抓国家多重战略叠加的机遇，特别要主动策划科技创新重大工程、项目、平台等，并纳入国家科技创新规划，在服务和支撑国家创新发展的同时实现自身的创新发展。

（二）凸显科技创新优势长板

"非对称"赶超战略是习近平总书记提出的科技创新发展战略思想，为欠发达地区与发达地区缩小科技创新差距提供了新的思路。四个欠发达地区在抓创新改革的实践中，按照优势导向、特色导向的原则，在全国创新版图中找准自身定位，坚持"有所为有所不为"，有利于在重要创新领域取得新突破，取得意想不到的成绩。云南科技创新水平不高，但在面向南亚东南亚科技创新与技术转移方面具有明显的区位优势和基础条件，在国家科技对外开放中可以大有作为，只有充分认识和找准云南在全国科技创新格局中的地位和作用，发挥自身优势，坚持走差异化创新道路，才能确保科技创新发展方向不跑偏，少走弯路。

（三）坚持科技创新开放合作

开放合作既是新时代科技创新发展的客观要求，也是云南融入全国乃至全球创新网络的必然选择。从几个欠发达地区破解创新困境的经验来看，其策略是充分借助外部力量，多方位、多层次、多渠道配置科技创新资源来提升自身的创新能力和水平。很显然，这是一条通过开放、合作、创新，引入高端资源"武装"自己的路子，也是欠发达地区破解创新资源困境和提升创新能力的有效路径。对于云南而言，科技创新出路在开放合作，正如习近平总书记指出的"欠发达地区可以通过东西部联动和对口支援等机制来增加科技创新力量"。加快建立健全科技创新开放合作机制，探索依靠外部创新资源和力量帮助发展的新模式、新路径，有利于云南改变科技创新能力薄弱、无法满足经济社会高质量发展需求的状况。

第六章　云南服务和融入国家发展战略的科技创新实践

主动服务和融入国家发展战略是党和国家领导人对云南的殷切期望。多年来，云南始终坚持新发展理念，主动适应国家发展战略需要，紧紧围绕"一区、一兵、一中心"的战略定位，以科技创新为引领，更加自觉地扛起云南在国家战略纵深中的历史责任，不遗余力地在探索实践中补短板、找差距、强弱项、出成效，推动科技创新向深层次发展，更好地服务支撑创新型国家和世界科技强国建设。

第一节　科技创新重大举措

近年来，云南加快科技创新谋篇布局，全面深化科技体制改革，在建设创新型省份、开展创新试验示范、打造开放创新高地、加快体制机制创新等方面采取了一系列重大举措，持续推进创新型云南建设，更好地服务和融入国家发展战略。

一、全面推进创新型省份建设

（一）实施创新型云南行动计划

云南省委、省政府积极响应党中央、国务院提出的建设创新型国家重大战略决策部署，2008年，启动第一轮建设创新型云南行动计划。成立了建设创新型云南行动计划领导小组，统筹整合各部门科技资源，调整存量资金结构，组织实施重点产业创新、重点行业和企业重大技术改造、节能减排科技创新、农业科技创新、创新型企业培育、创新平台建设、高层次科技人才培引、公民科学素质提升八大工程。经过五年的努力，重点产业行业实现核心技术和关键技术的重大突破，应用高新技术改造提升传统产业取得重大进展，节能减排、清洁生产等先进适用技术和装备得到广泛应用，形成一批具有云南特色的高新技术产业集群，建成一批重大科技创新基地和公共服务平台，科技创新能力有了较大提升。创新型云南行动计划的顺利实施，有力促进了云南经济发展方式转变和产业结构调整，成为云南科技创新领域的一项标志性创新工程和重大创新举措。

为深入贯彻落实国家创新驱动发展战略，接续第一轮行动计划，云南省于2013年启动新一轮创新型云南行动计划，围绕"实施创新驱动发展战略"和"支撑供给侧结构改革"两大主线，聚焦云南经济社会发展重大科技需求，提出了重大科技专项、重大新产品开发、重大科技成果转化、重大科技基础设施与创新创业环境建设、科技创新平台建设提升和高层次科技创新创业人才培引六大工程。在新常态大环境下，云南加快深化科技体制改革，攻坚克难，群策群力，进一步提升了重点产业和企业核心竞争力，夯实了创新基础设施、创新平台和创新创业人才，一批重大科技创新成果研发成功并转化为现实生产力，科技支撑经济社会发展的后劲持续增强，依靠科技进步为创新型云南建设提供了有力支撑。

（二）建设国家创新型市、县

云南省瞄准创新型省份建设目标，聚焦打造特色创新高地的区域创新发展思路，依托科技创新基础条件好、创新能力突出的州（市）、县，积极布局建设创新型城市和创新型县。2010年，昆明市被科技部批准为国家创新型试点城市。按照《昆明市国家创新型城市试点建设规划（2011—2015年）》建设思路，昆明紧扣城市创新投入、企业创新主体、科技成果转化、高新技术产业等重要试点目标，从构建特色产业发展的创新体系、聚集整合区域创新要素、调整优化产业结构、实施绿色创新发展、大力推进民族文化创新、营造创新友好环境六个方面进行探索。自创新型城市建设以来，昆明市坚持把创新作为昆明发展的第一动力，科技创新能力大幅提升，区域辐射带动作用明显增强，逐步朝着区域性国际科技创新中心靠拢。

2018年4月，玉溪市获批建设国家创新型城市。云南省出台《关于支持玉溪市开展国家创新型城市建设的实施意见》，玉溪市印发《玉溪市建设国家创新型城市实施方案》《玉溪市关于加快推进国家创新型城市建设的若干意见》《玉溪市领导干部服务企业科技创新行动方案》等文件，从深化体制机制改革、加强创新平台和载体建设、集聚创新人才、培育创新型企业、推动传统产业转型升级、培育壮大新兴产业、加快推进智慧城市建设、建设美丽玉溪等方面19项具体任务开展建设工作。创新型城市建设期间，玉溪市高新技术产业开发区成功升级为国家高新技术产业开发区，玉溪国家农业科技园区获科技部认定，有力支撑创新型云南建设。

2018年12月，通海县入选全国首批国家创新型县建设名单，以县域创新驱动为主线，聚焦现代农业、流域环境保护等科技创新，在科技创新解决杞麓湖径流区农业污染、大数据平台支撑智慧农业小镇建设、科技助力脱贫致富等方面先行先试，重点落实国家和省科技创新政策、建设科技创新投入机制、构建科技成果转化交易市场，推进全域创新，积极探索科技支撑生态文明建设发展的道路。

二、开展重大创新试验示范

（一）建设可持续发展议程创新示范区

"十三五"期间，国务院在全国布局建设10个左右"国家可持续发展议程创新示范区"，云南临沧市作为第二批3个城市之一，成功创建示范区。示范区深入落实2030年可持续发展议程，统筹各类创新资源，重点针对特色资源转化能力弱等瓶颈问题，集成应用绿色能源、绿色高效农业生产、林特资源高效利用、现代信息等技术，实施对接国家战略的基础设施建设提速行动、发展与保护并重的绿色产业推进行动、边境经济开放合作行动、脱贫攻坚与乡村振兴产业提升行动、民族文化传承与开发行动，深化体制机制改革，探索适用技术路线和系统解决方案，形成可操作、可复制、可推广的有效模式，对边疆多民族欠发达地区实现创新驱动发展发挥了示范效应。云南省出台若干政策支持临沧市建设国家可持续发展议程创新示范区，在科技创新支持方面，连续三年每年支持安排 5000 万元科技创新项目资金，用于建设科研平台、培育科研机构和高新技术企业，提升特色资源转化能力，创建国家高新技术产业开发区，全面提升公民科学素质。对人才引培和机制创新给予支持，允许临沧创新政策，吸引和集聚优秀人才，建设面向南亚东南亚创业园、华文教育基地等人才发展平台。

（二）创建自主创新示范区

云南省贯彻落实国家自主创新战略，高度重视区域创新引领发展，在全面推进高质量发展中，聚焦科技创新的前瞻性、战略性领域，精心策划、主动布局，把创建国家自主创新示范区作为创新驱动发展的重大工程加以推进，编制《昆曲玉楚国家高新区建设国家自主创新示范区总体方案（报审稿）》，积极筹建申报国家自主创新示范区。自创区的筹备，紧紧抓住昆明、曲靖、玉溪、楚雄"滇中"城市群创新资源和新兴产业集聚度高的特征，围绕解决发展不平衡不充分问题和建设高质量现代化经济体系，坚持开放型、创新型、高端化、信息化、绿色化发展方向，以推进资源型产业与数字经济融合创新为突破口，开展边疆民族地区创新、现代绿色产业示范、国际科技合作试验，探索通过科技进步和科学普及改变边疆群众落后生产生活方式的有效途径，形成以技术创新、模式创新、品牌创新为驱动，将资源优势、生态优势转化为经济优势的发展路径。

（三）创建科技成果转移转化示范区

云南省把科技成果转化作为科技创新发展的战略方向，开展地方立法，制定配套政策，完善服务体系，加快培育科技成果转化生态，按照科技部指引，积极筹备创建"云南省国家绿色科技成果转移转化示范区"。围绕云南重要生态功能区、边境地区和集中连片贫困区，依托怒江、保山、德宏、临沧、普洱、西双版纳、红河、文山八个州（市），建设云南西南一线的绿色科技成果转化示范带与技术转移辐射带。以县域科技成果转化中心为抓手,充分发挥国家可持续发展实验区、国家重点开发开放试验区、边(跨)境经济合作区等载体的集聚引领效应,重点围绕绿色食品、绿色能源、大健康等领域,开展绿色科技成果转化与国际技术转移活动,构建点线面相结合的沿边绿色科技成果转移转化示范辐射带。以昆明、玉溪、楚雄三个国家高新技术产业开发区为主,以经济技术开发区、工业园区、农业科技园区为辅,开展绿色科技研发、中试孵化与产业化活动,打造滇中绿色科技成果供给与转移转化高地。

(四)建设中国(云南)自由贸易试验区

建立中国(云南)自由贸易试验区,是党中央、国务院做出的重大决策,是新时代推进改革开放的战略举措。2019年,国务院印发《中国(云南)自由贸易试验区总体方案》,要求云南积极贯彻落实国家对外开放战略,全面落实中央关于加快沿边开放的要求,着力打造"一带一路"和长江经济带互联互通的重要通道,建设连接南亚东南亚大通道的重要节点,推动形成我国面向南亚东南亚辐射中心、开放前沿。云南立足全国,突出跨境和面向南亚东南亚区位优势,积极探索沿边地区先行先试政策,加快旅游、金融、产能等领域跨境合作。在科技创新方面,着力加大科技领域国际合作力度,引导各类创新主体在"一带一路"沿线国家(地区)共建创新平台,鼓励企业设立海外研发中心。支持高校、科研院所和企业与周边国家共建科技成果孵化基地和科技企业孵化器。按市场化方式,设立一批专业化投资基金。

三、打造区域开放创新高地

(一)建设面向南亚东南亚科技创新中心

云南全面贯彻落实习近平总书记提出的"一区、一兵、一中心"三个定位,努力打造面向南亚东南亚科技创新中心,有力支撑我国面向南亚东南亚辐射中心建设。出台《建设面向南亚东南亚科技创新中心专项规划》,制定《面向南亚东南亚科技创新中心建设实施方案》,

从夯实科创中心基础、共建创新平台、开展科技园区合作、科技人文交流四个方面,推进与南亚东南亚国家的科技创新合作。重点围绕建立区域科技信息中心、区域现代农业研发辐射中心、区域国际创新创业中心三大中心和建设生物医药大健康产业基础服务基地、国际科技合作与技术转移基地、科技人员交流与教育培训基地三大基地,组织认定(中心、基地)示范机构,在现代农业、生物医药和大健康、电子信息和先进装备制造、矿冶与新材料、生物多样性与环境保护、公共安全与防灾减灾等重点领域开展广泛交流与合作。

云南主动服务国家"一带一路"科技创新行动计划,针对东盟各国实施"科技兴贸"行动计划,推动一大批企业、科研院所和高校"走出去"。多次举办中国—南亚技术转移与创新合作大会,中国—东盟科技论坛、中国—印度创新合作与投资大会、金砖国家科技创新创业伙伴关系工作组会议等国际会议,提升云南技术和产品在南亚东南亚国家的知名度。建设中国—东盟创新中心、中国—南亚技术转移中心、金砖国家技术转移中心,与老挝、斯里兰卡等南亚东南亚国家共建国家联合实验室,在老、越、柬等国合作建立一批农业科技示范园,一批农作物品种和先进适用技术在周边国家转移转化。

(二)打造"科技入滇"大平台

云南省政府与科技部建立"科技入滇"长效机制,每两年一次共同组织开展科技入滇对接活动,支持云南创新发展。截至2019年,累计举行了三届"科技入滇"对接活动,征集科技创新需求3896项、供给5000余项,共实现科研平台、科技型企业、科技成果、人才和团队"四个"落地1907项,成果丰硕、成效显著。云南省组团先后赴全国各省(区、市)开展"科技入滇"宣传推介和考察对接39次,凝聚了科技创新共识,促进了科技创新合作。"科技入滇"已成为云南扩大和深化对外开放的靓丽名片。

"科技入滇"对接活动得到了全国各省(区、市)、高校、科研院所、企业的积极响应和大力支持,成功撬动了全国优势科技资源和创新力量。云南省政府与中国科学院、中国工程院、国家自然科学基金委员会等著名机构建立了长期稳定的战略合作关系,与清华大学、北京大学、南方科技大学等21所国内著名高校签署了战略合作协议;上海交通大学、北京理工大学、南开大学、北京航空航天大学等高校在云南建立了独立法人的研究院(新型研发机构)或成果转化机构;形成了汇聚创新资源、激发创新动力、推动创新发展的一股新生力量,为地方政府抓创新驱动发展创造了重要平台。

"科技入滇"通过借助国内外的创新资源和力量,与云南实际需求进行有效对接,联合攻关重大科技问题,突破了柠檬产业发展、钛产业转型升级和贵金属材料加工等一批重大关键技术,在生物医药大健康、新材料等领域形成了一批具有自主知识产权的新产品并实现产业化,为八大重点产业和世界一流"三张牌"的发展提供了重要的科技支撑。云南省以诚相邀,先后引进300余位院士专家团队科技人才带着使命和责任赴云南工作服务,形成了"铺天盖地"式的院士专家群。院士专家充分利用自身在行业领域内的学术威望,发挥"牵线搭桥"的重要作用,走进企业帮助创新创业,为欠发达地区破解创新困境提供了云南方案。

四、探索建立科技创新机制

(一)建立科技工作会商制度

云南省深入贯彻落实国家科技创新重大战略部署,优化科技资源配置,自2006年起,云南省政府与科技部建立省部科技工作会商制度,围绕国家重大科技战略目标和云南省经济社会发展的重大科技创新需求,不定期组织召开会商工作,双方就发展战略、发展思路、发展动力以及发展办法进行了广泛交流,最终达成共识,转化成共同的行动,实现共赢局面。多年来,科技部与云南省部省会商工作制度顺利实施,通过部省联动合作,组织实施科技项目、建设科技平台、开展科技活动,进一步强化了部省科技资源集成,实现了部省科技资源向云南省经济发展重点领域和民生领域的有效聚集,对提升云南科技创新能力、加快科技成果转化和产业化、培育新的经济增长点和发展特色优势产业、促进云南经济发展方式转变和产业结构调整起到了积极的推动作用，形成了部省联动，共同推进云南经济社会高质量发展的良好局面。面向未来，云南将继续推进落实"部省合作委员会"制度，以落实习近平总书记考察云南重要讲话精神为指引，重点在推进"绿色科技"创新供给、提升区域创新能力、促进科技惠及民生等方面加强合作，促进云南经济社会高质量跨越式发展。

省部科技会商制度在云南的成功实践和落实落地，有力推动了科技会商制度内涵和外延的不断丰富发展，并逐步向州（市）延伸，先后在昆明、玉溪、昭通等建立了厅州（市）科技会商机制，该机制已成为地方政府抓科技创新发展的重大举措。厅州（市）科技会商机制通过加强厅州（市）互动，充分发挥各地科技优势，集成全省创新资源，以州（市）为主的方式，通过常态化、制度化的交流合作，促使省级与州（市）政府在重大科技创新部署上保持一致的同时，又重视各地的差异性，有利于精准支持州（市）聚焦地方经济社会发展重大战略目标和科技创新需求，围绕重点产业、重要方向、重大研发，共同破解区域创新发展不平衡不充分问题。

（二）探索科技精准扶贫模式

云南省贯彻落实习近平总书记关于科技扶贫工作的重要指示批示精神以及国家打赢脱贫攻坚战的决策部署，探索科技精准扶贫新模式，积极打造科技扶贫云南样板。依托中国工程院定点帮扶，以澜沧县科技扶贫示范县建设行动计划为抓手，通过院士专家科技驿站建设、绿水青山变金山银山、冬季特色农业开发、热带水果产业开发、山地生态畜牧、"互联网＋科技"六大科技扶贫示范行动工程，大力推进科技进企业、科技进田间、科技进学校、科技进村寨"四进"和科技型企业、科研平台、科技成果、科技人才和团队、科技项目"五落地"，探索科技扶贫新模式、创新科技扶贫新机制，着力打造科技扶贫"试验田"。在中国工程院的定点帮扶下，扶贫同扶志扶智相结合，科技扶贫与产业扶贫、智力扶贫、创业扶贫、协同扶贫有效衔接，探索整合科技优势资源集中打赢脱贫攻坚战的新模式、科技成果推广应用示范带动精准脱贫的新机制、产业资源与市场深度对接带动脱贫发展的新路径,形成了云南澜沧科技扶贫经验和模式。

第二节 科技创新短板和问题

进入新时代,国内外科技创新环境和局势发生了新变化,云南科技创新面临严峻形势,存在诸多薄弱环节和深层次问题,主要表现为"三个不够"和"三个不足",已不能很好适应经济社会高质量跨越式发展的需要。

一、主要短板

(一)科技创新发展的战略定力不够

进入21世纪以来,云南先后提出过"科教兴滇"、技术跨越式发展、创新型云南建设等科技发展战略,但科技创新发展"一张蓝图绘到底"的战略定力不够,在科技创新谋篇布局中的定位不够清晰、方向不够精准、创新自信不够坚定,导致科技创新资源配置长期处于分散、重复的状况,错失了国家高速发展时期的诸多战略性机遇。主要表现为:对云南在全国创新格局中的地位和作用把握认识不够,缺乏对全省科技创新的系统性、整体性、前瞻性布局以及推动创新发展的旗帜性抓手,科技创新需要突破和发力的方向把不住、吃不准,对"市场换技术"和"赶超跨越"的创新路径依赖性过强,科技创新难以真正发挥支撑和引领经济社会发展的核心作用。

(二)科技创新发展的开放思维不够

云南曾通过实施"省院省校科技合作计划"推动科技对外开放。近年来,在开放创新发展实践中大力引入人才、团队、成果等高端创新资源,但效果似乎不是很理想,高质量推动面向南亚东南亚科技创新中心建设的抓手不多、举措不多,"科技入滇"合作平台面临着升维发展的系列问题,开放创新更多地停留在一些框架性和意向性的战略合作层面,点对点、实打实的创新合作不够,研究解决科技计划开放的"议题"还没有取得实质性进展,科技领域离形成全方位、深层次、高水平开放格局的时代要求还有很大差距,如何让开放在科技创新工作中成为一种思维方式,而不仅仅是一项具体工作,显得十分重要。

（三）科技创新发展的改革力度不够

科技创新改革发展研究少、措施力度小,抓改革、抓创新的办法过于单一,方式过于简单。面对创新型国家和世界科技强国建设的新要求,对标落实国家创新性、改革性和先行先试政策时,"慢半拍""不敢试""不敢闯"的惯性思维仍然存在,贯彻落实政策生搬硬套、落实举措"机械化",以至于在争取国家科技创新支持方面很被动、成效淡。面对云南高质量跨越式发展的迫切需求,依靠改革创新塑造更多引领型发展的紧迫感和使命感不强,"抓战略、抓规划、抓政策、抓服务"的意识和能力还很薄弱,科技创新围着项目"转"的倾向比较突出,亟须用新发展理念破除陈旧观念,增强抓改革、抓创新的自觉性和坚定性。

二、主要问题

（一）抢抓国家创新战略机遇的能力不足

党的十八大以来,国家先后部署了"一带一路"、创新驱动发展、长江经济带发展等重大发展战略,布局了一批重大平台,全国各省（区、市）采取积极应对措施,主动争取纳入国家发展战略总体布局。近年来,面对新时代、新使命和新要求,部分欠发达地区积极作为,主动谋划争取国家支持,近年来贵州获批3个国家级试验区,甘肃获批1个国家级试验区,云南却在这方面毫无进展,落实中央决策部署、服务和融入国家发展战略"跟不上、贴不紧、落不实、拿不下",特别是自主创新示范区、科技成果转移转化示范区等各类重大创新改革试验示范载体和平台建设云南均不在列,错失了许多难得的发展机遇,抢抓战略时机的能力有待进一步提高。

（二）承担国家重大科技项目的能力不足

云南策划申报国家重大科技专项和重点研发计划项目立项获批概率较小，从每年获国家重大科技项目数量和经费便可以说明承担国家项目的能力不足，一方面是由于全省创新实力较强的企业不多，靠一个企业自身实力很难完成国家重大科技项目的攻关任务；另一方面也存在对接国家科技项目的经验相对薄弱、对项目重点的把握和一些操作层面的事宜了解程度不够等问题。联合申报国家重大科技项目的机制有待进一步完善，每年组织的云南省重大科技专项项目，很难找到一些具有前瞻性和战略性的好项目，多数项目只能通过拼凑组合形成，大大降低了重大专项项目的质量，遴选策划国家重大科技项目的能力亟须提升。

（三）对接国家发展战略的机制创新不足

多年来，云南科技创新在对接国家发展战略中积极探索实践，先后建立了部省科技工作会商、"科技入滇"对接合作制等重大创新机制，在扩大合作"朋友圈"的时代，确实积累了很多合作伙伴，形成了一批合作成果。但进入新时代后，欠发达地区在国家创新体系和布局中的位势发生了重大变化，这些对接国家和区域合作发展的机制也需要不断创新，在融入国家发展战略中需要重视增量，注入一些新的力量和资源，建立长效机制；在对接区域创新高地发展中，需要主动建立务实合作关系，加快改变传统框架合作协议等书面合作形式，探索互利共赢的新模式。

第七章 云南服务和融入国家发展战略的科技创新战略抉择

主动服务和融入国家发展战略,推动云南科技创新发展,是一项系统性的工程,非一朝一夕之事。最为重要的是超前谋划、科学制定科技创新发展战略,关键是要厘清思路,找准目标方向和重点,采取超常规的举措,打造科技创新局部性、阶段性优势,走出一条适合云南经济社会发展阶段和需求的创新驱动转型之路,更好地在服务和融入国家发展战略中担当新使命。

第一节 战略构想

一、战略思路

面对新一轮科技革命和产业变革加速演进的机遇挑战,面对创新型国家和世界科技强国建设的时代要求,科技发展战略选择既要把握国内外形势变化,又要符合科技创新规律和实际情况。

从我国科技发展战略演变历史来看,改革开放前实行非单纯经济指向的赶超发展战略,其战略目标是实现技术发展的跳跃。[1] 改革开放后,逐步转移到有较强经济指向的结构赶超发展战略,其遵循的是"经济建设必须依靠科学技术,科学技术工作必须面向经济建设"指导方针。这期间,先后提出过"经济振兴必须依靠科技进步""发展高科技、实现产业化""科教兴国""自主创新""创新驱动发展"等

---

[1] 方新. 试论我国科技发展的战略选择[J]. 科技管理研究,1994(1):7-9.

战略。可以看出，科技发展战略的选择随着政府工作重点的转移而变化。

从云南经济社会发展的实际情况来看，欠发达特征十分明显，即使国家在科技资源上给予倾斜，科技投入和产出的绝对量和相对量都难以和发达地区相比，也很难改变科技创新水平总体落后的格局，这决定了云南今后科技创新战略选择不可能机械化、被动式地跟随国家科技战略走，而是在贯彻落实国家科技发展战略的同时，紧密结合自身经济社会发展阶段，瞄准未来一段时期，有策略、有选择地制定科技创新战略目标，找准方向和路径。

在科技创新战略目标上，立足新起点、新方位，更加自觉地将云南放在全球创新网络中思考，放在新时代我国改革开放和区域协调发展的大格局中谋划，坚持面向未来谋篇布局、坚持面向国内协同创新、坚持面向周边开放合作，把服务和融入国家战略作为新时代云南科技创新的重大战略行动，全面融入国家战略布局和创新体系，树立大科技发展理念，采取科技大开放策略，凸显国家战略纵深的云南地位和优势，提升云南科技创新在国家层面的影响力和显示度，力争在国家区域创新战略版图中占有一席之地。

在科技创新战略导向上，采取"非对称"赶超战略，要有敢为人先的宏伟魄力，保持久久为功的战略定力。在百年未有之大变局的历史变革时期，主动把握未来科技创新趋势，寻找机会和突破口，抢占科技创新制高点；在某些领域和关键环节突出优点和长处，将后发优势转变为赶超动力，持续性积累，增强自身比较优势。通过将独特优势与外部机遇融合，弥补创新劣势，加速科技创新跟进的步伐。

在科技创新策略选择上，以经济社会发展目标和重大部署为依据，技术合作与技术扩散并重，引进消化吸收再创新和协同创新的融合并行，有重点地发展高新技术产业，同时，稳步加强基础研究，力争在优势领域实现领跑，继续强化科技成果转移转化，在若干重点领域有所突破，紧跟全国科学创新步伐。

二、战略路径

(一) 以战略科技力量为支撑,服务和融入国家发展战略

主动对接国家战略科技需求,发挥集中力量办大事的制度优势,聚焦高质量创新发展,在云南具有局部优势和特色的领域和点位上打造国家创新支点。强化联合基金支撑基础科研,重点在生态科学、生命科学、天文学、生物制造等基础和应用基础科学研究领域打造世界级原始创新热区,形成特色领域新思想、新知识、新技术、新产品和新模式的策源地。抓住国家布局重大科技基础设施的契机,争取国家实验室、综合性国家科学中心、天文望远镜等新的重大科研设施、仪器和科研平台落地云南,提升云南原始创新在国家层面的显示度。围绕灵长类医学、天然药物研发、高原湖泊治理、贵金属新材料、战略生物资源等战略必争领域建设云南省实验室,在烟草、新材料、花卉、疫苗等领域建设产业技术创新平台,打造成支撑产业创新发展的战略科技力量。

(二) 以科技创新供给为抓手,服务和融入国家发展战略

主动创造高质量科技创新供给,把"科技入滇"作为融入长江经济带、粤港澳大湾区等国家发展战略的窗口和舞台,实施科技大招商行动计划,承接产业科技转移转化。加强创新型园区的对接合作,围绕生物医药、新材料、人工智能、大数据、区块链等产业领域,承接东部发达地区绿色科技产业项目、创新平台、高新技术的梯度转移转化,打造新技术、新业态、新模式和新应用的始发地和示范地,为传统产业改造升级和新兴产业发展提供高质量科技供给。积极参与"一带一路"科技创新行动计划,深度融入南亚东南亚区域创新网络,依托自由贸易试验区、沿边开发开放试验区等国家级开放发展平台,利用中国—南亚博览会平台和大湄公河次区域合作机制,加快推动人才、技术、产品、标准、专利等具有比较优势的科技资源和科技成果向周边国家和地区转移扩散,为国家战略的实施提供高质量科技创新供给。

(三) 以科技协同开放为突破，服务和融入国家发展战略

主动融入区域创新网络，充分发挥云南在面向南亚东南亚区域创新合作与技术转移转化中的"跳板"和"中转站"作用，打造区域创新枢纽，更好支撑国家内外联动创新发展。加强国内外区域多方协同联动，按照"技术研发在外、转化应用在内、市场在全球"的模式，探索飞地式创新合作，健全完善科技创新"牵线搭桥"功能，提供科技创新"红娘"服务，把科技创新的"流量"做大做强。发挥自贸区试验示范试点功能作用，在国际创新人才引进、科技计划对外开放、重大科技成果转化激励、科技金融服务、境外资金创新投资、高水平园区共建合作等方面的重大创新政策落地试点进行探索。以创新试验示范为切入点，重点打造滇中自主创新示范区、科技成果转移转化示范区、文化与科技融合示范基地，建好可持续发展创新议程示范区，更好地为国家提供创新经验和创新样板。

第二节 战略重点

一、体系重构，点燃创新驱动发展引擎

（一）构建面向未来的基础前沿创新体系

围绕国家建设世界科技强国战略布局，立足云南特色和基础，面向未来、面向世界、瞄准前沿，在生命科学、先进制造、区块链技术应用等领域，战略谋划和前瞻部署，力争取得率先突破。统筹布局重大科技基础设施、大型科研仪器、科技创新基地以及面向全社会的开源开放创新平台，以世界一流学科、一流团队、一流成果为目标，建立首席科学家负责制和稳定支持机制，积极参与国家大科学计划和大科学工程，争取实现前沿性、原创性、领先性重大科学研究单点或多点突破，构筑先发优势，抢占未来发展制高点。

（二）构建市场导向的绿色技术创新体系

围绕新兴产业培育、传统产业转型升级和"三张牌"打造的关键

领域和"卡脖子"环节，在生物医药和大健康、绿色能源、绿色食品、智能制造、新一代信息技术、新材料等领域，突出关键共性技术、现代工程技术、颠覆性技术创新，形成市场导向、需求有效激发、企业为主体、产学研深度融合、基础设施完备、服务体系健全、要素资源优化配置、成果转化顺畅的绿色技术创新体系。

（三）构建民生导向的成果转移转化体系

以惠民、利民、富民和改善民生为落脚点，围绕环境治理、精准扶贫、人口健康、公共安全等民生领域的重大科技需求，加强技术供需对接，着力打通科技成果转化通道，建设市场化和专业化的技术转移机构、创业服务平台和载体、技术转移人才队伍，加速科技成果转化应用，让人民群众共享创新发展成果，促进民族团结进步。

（四）构建目标导向的协同融合创新体系

政府引导、市场主体参与，加快建设一批功能定位明确、市场化运行、现代化管理、产学研紧密结合的现代产业技术创新平台，以创新大平台、大工程、大项目汇聚、整合、组织创新资源，聚焦重点集中发力。建设一流高校、科研院所、创新型领军企业、新型研发组织等创新主体群，明确高校、科研院所的功能定位，打造以实验室、工程研究中心等为引领的战略科技力量。促进创新链和产业链精准对接，激发创新主体活力，加快产学研深度融合、协同创新。

（五）构建面向南亚东南亚的区域创新体系

聚焦区域创新布局极度不平衡问题和建设面向南亚东南亚辐射中心创新需求，以滇中自主创新示范区为引领、滇中城市群为重点、科技园区为载体、科技创新示范县为支撑，多方协同创新，培育新的增长极、增长带，推动区域科技创新协调发展，提升云南与澜沧江—湄公河区域开放合作水平，提高云南在面向南亚东南亚国家和区域创新治理体系中的影响力，服务"一带一路"建设。

（六）构建高质量发展的创新人才支撑体系

实施人才引领发展战略，围绕高质量跨越式发展需求，着力打造中国工程科技发展战略云南研究院、院士专家工作站等高端聚智平台，完善人才发展体制机制，依托云南省"万人计划"等各类人才计划，积极引进和培养一批具有国际水平的战略科技人才、各类领军人才、高水平创新团队、青年科技人才，构筑人才高地，补齐人才短板。

二、梯次联动，优化区域科技创新布局

（一）打造滇中科技创新尖峰

主动服务和融入国家发展战略，充分发挥滇中区域创新主引擎作用，依托昆明、曲靖、玉溪、楚雄4个高新区及云南滇中新区，高规格、高标准、高质量建设昆曲玉楚国家自主创新示范区，形成云南创新驱动发展的引领性力量。利用自由贸易试验区、自主创新示范区"双自联动"效应，打造创新发展高地和开放合作中心，着力在体制机制改革先行先试、边疆民族地区与创新驱动发展、一流绿色现代产业体系打造、特色突出的高水平科技创新体系构建、国际科技合作等方面破解创新发展瓶颈，加快建设主体深度融合、要素高效配置、技术体系完备、成果转化顺畅的协同创新共同体，塑造更多依靠创新驱动、更多发挥创新资源集聚优势的引领型发展。

（二）推动滇西科技创新一体化

依托大理科教资源优势，建设具有区域带动示范作用的滇西科技创新中心，支持开展体制机制创新，在深化跨域跨界合作和消除地域壁垒方面先行先试创新政策，树立全省推动区域创新协调发展的样板。面向高原特色现代农业、生态环保等产业领域，布局覆盖滇西、辐射南亚东南亚国家和地区的科技资源服务平台，重点建设滇西检验检测实验室、产业技术创新平台，全面提高区域优质公共科技服务资源供给能力。鼓励有条件的州（市）积极探索推广创业创新券，推动滇西地区创业创新券的互认互通，引导科技服务机构为创新创业企业和团队提供高质量服务。培育区域融合融通发展新动能，结合各州（市）错位发展的需求，选择有基础的地方打造一批特色鲜明、示范性强、有机融合的"科技+"文化旅游、"科技+"特色农业、"科

技+"生态保护一体化发展示范基地,推动形成新时期创新增长极。

(三)建设沿边科技创新走廊

积极创建国家科技成果转移转化示范区,依托8个边境州(市)打造集民生福祉、生态文明与开放辐射于一体的沿边绿色科技成果转移转化示范带。加快布局科技成果转化示范县,推动县域科技成果转化中心市场化建设发展,构建沿边科技成果转化工作网络,主动融入全省统一开放的技术市场,全面提升沿边地区承接科技成果就地转化示范和援外转化带动的能力。建设沿边创新高地,在战略生物资源、新能源、新材料、特色农业等领域布局一批高水平创新平台,推动中国(云南)自由贸易试验区德宏、红河两大片区成为沿边地区研发服务中心、创新人才和专家团队洼地、科技创新飞地。实施兴边富民科技融入行动,加强沿边科技基础条件建设和新基建的布局,在开发开放试验区、绿色经济发展试验区、边(跨)境经济合作区等导入科技创新要素、资源、平台,打造沿边开放创新型经济体,增强科技富民、兴边、睦邻支撑示范作用。

(四)塑造高能级创新发展梯队

加快建设高质量创新发展载体,巩固昆明、玉溪创新型城市建设和通海创新型县建设试点成果,争取新建国家创新型城市或国家级创新型县(市)。实施云南省创新型城市(县)集群发展计划,统筹区域创新布局,建设若干不同类型的省级创新型(试点)城市、创新型(试点)县,鼓励全域创新,探索形成各具特色的创新发展模式和横向错位发展、纵向分工协作的创新格局。加快推进临沧可持续发展议程创新示范区和红河农业高新技术产业示范区建设,探索边疆多民族欠发达地区创新驱动跨越式发展新路径。支持国家高新区"一区多园"建设,探索托管模式,打造差异化发展的特色专业园区,拓展创新发展空间。引导经济开发区、工业园区转型升级、升维,力争省级高新区工业强县全覆盖。设立高新区和高新技术企业科技创新发展专项资金,引导高新技术资源和力量向园区集聚,实现"高新企业—高新产业—高新园区"高效循环的链式发展、可持续发展。

三、开放赋能,打造"科技入滇"升级版

(一)更高站位谋划"科技入滇"

从国家发展全局的高度,提升境界和认识,把区位优势与扩大开放更好地结合起来,把"科技入滇"工作作为主动服务和融入国家发展战略的切入点和主战场,更高起点统筹谋划,以"科技入滇"为平台积极建设面向南亚东南亚科技创新中心,按照习近平总书记在"一带一路"国际合作高峰论坛上的讲话精神,充分利用云南获批建立中国(云南)自由贸易试验区、临沧国家可持续发展议程创新示范区的历史机遇,深度参与"一带一路"科技创新行动计划,承担起与南亚东南亚国家开展科技人文交流、联合实验室共建、科技园区合作和技术转移等科技创新合作重任,遵循共商、共建、共享原则,将"四个落地"优秀成果辐射出去,构建区域创新共同体,加强开放协同,推进区域协同与开放发展。以科技合作为先导,促进国际产能合作,形成面向南亚东南亚的贸易、投融资、生产、服务网络,加快培育国际经济合作和竞争新优势,服务国家整体对外合作发展战略。

(二)更多领域拓宽"科技入滇"

面向未来创新发展,"科技入滇"要有新气象。围绕"三个面向",对标国际科技前沿、世界先进水平,瞄准国家科技重大专项、重大工程,聚焦云南省生物医药和大健康、新材料、新能源、先进装备制造等战略性新兴产业发展需求,结合本地优势,强化科技创新策源能力,攻克一批"卡脖子"的关键核心技术,广泛应用数字技术、区块链技术等高新技术,助力产业转型升级。借助国际化科技创新大会,通过"科技入滇""四个落地"成果,提供先进技术保障和充分展示,发出新科技强音。

支撑引领高质量发展,"科技入滇"要有新作为。"科技入滇"工作要与云南省委、省政府走"两型三化"的产业发展路子,打造世界一流绿色能源、绿色食品、健康生活目的地"三张牌"等重要部署紧密结合起来,推动实现云南自身优势和国内外优势科技资源的强强

联合，瞄准新技术、新产业、新业态，提升"四个落地"质量和水平，着力提升承接能力和"造血"能力，加快培育发展新动能，促进产业转型升级，为全国欠发达地区特别是西部地区依靠高质量科技供给支撑引领高质量发展探索出一条新路子。

助力全面建成小康社会，"科技入滇"要有新担当。"科技入滇"要以满足人民对美好生活的向往为出发点和落脚点，要为将云南建成我国民族团结进步示范区、生态文明建设排头兵提供有力支撑，在民生科技领域积极推动生命科学、绿色科技、科技扶贫、重大疾病防治与动植物疫病风险防范实现"四个落地"，让落地成果更多地为人民所及、所享、所用，切实增强人民群众的安全感、获得感、幸福感。

（三）更深层次推进"科技入滇"

不断完善"科技入滇"的长效机制，推进"科技入滇"的常态化。要不断丰富"科技入滇"的内涵和外延，充分发挥"科技入滇"作为合作平台、转移平台、服务平台、双创平台的作用，不断拓展完善平台功能，加快入滇平台实体化发展，让更多区域、企业、高校、科研院所和社会服务机构等各类主体参与其中，探索内外融通、纵横联合、互利共赢的新模式、新机制。通过改革创新让"科技入滇"永葆活力，"四个落地"关键是人才落地，要强化科技体制机制创新，不断优化创新生态，尊重创新规律，破除制约创新的思想藩篱和体制机制障碍，狠抓中央决策部署落实落地，持续改进科研管理和组织，以激发人的活力为核心，坚决推动"放管服"改革，支持国内外更多优秀人才，尤其是青年科技人才来云南参与科研活动、科技创新创业，释放更多活力，让"科技入滇"为云南的跨越式发展集聚天下英才。

第三节 战略举措

一、强自身，夯实科技创新治理能力

（一）提高抢抓创新战略机遇的能力

跟踪国家创新战略重大部署，找准云南发力点和突破口，充分体现云南科技创新特色优势，积极主动服务和融入国家创新重大规划布局。一是抓住国家新一轮中长期科技创新规划编制时机，主动对接科技部，提出云南省中长期科技发展战略规划建议，争取在国家和云南层面统筹推进。纳入国家中长期科技规划的重大创新任务包括："云南建设成为面向南亚东南亚的科技创新中心""打造全国一流、世界知名生命科学研究高地""筹建生物多样性与生态安全国家实验室""建设新材料重要创新基地"等。二是积极策划未来五年云南省全局性、战略性的重大项目和工程，纳入国家"十四五"科技创新规划，重点争取"创建昆曲玉楚国家自主创新示范区""打造金砖国家技术转移中心""支持云南加快培育和发展生物制造产业""天文望远镜等重大基础设施建设"等重点任务和项目落实落地。三是积极争取国家重大创新试验示范平台落地云南，更好地融入国家创新体系建设，包括创建自主创新示范区、生态文明试验区、科技成果转移转化示范区等。

（二）提高科技创新制度保障的能力

营造有利于科技创新的制度环境，围绕科技创新地方性法规和政策，持续推进制度创新。一是持续完善地方性科技法规的内容。主动实时跟踪国家层面的立法情况，及时修改完善云南省地方性科技法规，尤其是《云南省科技进步条例》，修改与上位法不一致、与地方性法规之间不协调的相关内容，完善操作性不强、不适应新时期经济社会发展要求的个别条款。重点强化科技创新改革成果立法保障，加强科技创新薄弱环节的立法进程，对科研诚信体系、伦理审查体系、科技安全做出制度性安排，将项目评审、人才评价、机构评估"三评"改革成果上升到法律层面，把科技创新决策容错机制写入地方性科技法规。二是持续开展创新政策制度的清理。长期关注规范性文件的实效性，摸清规范性文件的"家底"，按照"谁制定、谁清理"的原则，对文件内容与法律、法规、规章相抵触，不适应发展形势变化的要及时废止，形成常抓常改的常态化。三是研究制定科技应急预案。加强重大公共突发事件应急科技攻关，在应急科研项目组织、科研成果转化等方面要有应急响应预案,在应急科技人才和产品方面要有所储备,提高科技应急治理能力,确保重大公共突发事件发生时科技发挥关键作用。

(三)提高重大科技项目承接的能力

借助外部优势资源和力量,加强对接帮扶合作,从项目策划、项目申报、项目管理等方面逐步提高承担国家重大科技项目的能力。一是提高策划国家重大科技项目的能力。深度对接国家科技重大专项、重点研发计划等,重视对国家重大科技项目立项大省的交流学习,深入了解申报国家科技重大项目的切入点和突破口,结合云南优势和需求,建立帮扶机制,帮助云南成功策划申报更多国家重大科技项目。二是提高联合攻关国家重大科技项目的能力。加强与国内创新强省(市)在组织联合攻关国家科技计划方面的合作,探索科技投入和科技计划合作新机制,重点在新药创制、传染病防治、生态环境保护等领域支持企业、高校和科研院所与省外创新主体共同承接面向2030年重大战略项目和国家科技重大专项,按国家规定予以配套,项目申报前明确配套资金。三是提高服务和管理国家重大科技项目的能力。探索建立重大科技专项定向委托机制,聚焦省委、省政府确定的重点产业领域或重大关键技术瓶颈。在广泛调研推荐的基础上,委托国家层面专家进行战略咨询论证后,可采取定向择优或定向委托等方式确定承担单位并提出立项建议,通过参与学习持续提升重大科技项目服务管理水平。

二、聚合力,完善科技创新融通机制

(一)健全与国家科技部门的对接合作机制

加强与国家科技领域相关部门单位的联络,在战略对接、政策衔接、资源汇聚承接等方面建立健全对接合作机制,将国家战略同地方的创新发展实现对接,形成高位推动、常抓不懈的工作局面。一是继续深化科技部与云南省人民政府科技会商机制,推进落实"部省合作委员会"制度,在未来会商确定重大合作事项及其实施方案中,重点在解决高层次人才匮乏问题和产业科技创新需求等方面部署相关工作任务,双方明确专门的对口机构和联络人员,对会商议定事项每半年进行一次督查督办,保障部省会商议定事项能及时有效落实。二是建立与国家战略科技研究院的创新合作长效机制,在战略和政策研究领域加强合作,帮助云南建立高水平科技创新智库,提升云南科技发展战略、规划、政策等方面的研究水平和能力。围绕云南科技创新研究需求,联合开展重大科技创新调研活动、研究编制重大科技规划、举办重大科技创新论坛等,助推云南更好地服务和融入国家科技发展战略。

(二)健全与区域创新高地的融合发展机制

把云南的创新发展和区域发展战略的实施结合起来,积极利用区域创新发展高地的资源和红利,加快推动与区域创新高地的融合发展。一是加快连接创新高地,主动对接如北京中关村、上海张江、武汉东湖、四川天府等创新高地,加强对体制机制创新和先行先试政策的学习,充分吸收创新高地发展"新技术、新产业、新业态、新模式"方面的成功经验,精准靶向对接粤港澳、长三角、长江经济带等区域高地科技型企业、高水平科研院所和高校,加强与创新园区的点对点务实合作。二是加快构建创新共同体,主动对接广西、四川、重庆、贵州等毗邻省(区、市),建立科技创新全面战略合作关系,建立常态化、高效化的区域科技交流合作机制,在重大科研基础设施和大型科研仪器设备等开放共享、科技成果双向转化精准对接、重大创新园区和平台管理服务运营等方面,加快整合多地创新资源,畅通帮扶发展渠道,打造形成互为支撑、相互提升、互促发展的创新共同体。

(三)健全内部创新协调的联动发展机制

加快推进科技领域财政事权和支出责任划分改革,建立权责清晰、财力协调、区域均衡的省州(市)财政科技投入关系。实施差异化创新支持政策,引导州(市)科技投入聚焦绿色发展、生态环保、民生改善等重大科技需求和战略目标,采取省州(市)联合共建方式建设省实验室、产业技术创新平台、研发分中心，实现重大科技创新省州（市）联动投入。解决州（市）、县创新发展不平衡不充分问题，制订促进省州（市）科技投入增长计划和县域创新驱动跃升计划，建立县域创新驱动监测评价发布制度。积极发展跨域跨界融通创新新型伙伴关系，在试验区、示范区、开发区、合作区等重大创新载体互派科技联络专员，提高各类园区协调创新能力和水平，构建跨域跨界融通创新共同体。

三、求突破，培育科技创新引领力量

（一）创造性贯彻落实国家科技创新政策

把贯彻落实国家科技创新政策摆在突出位置，作为当前和今后一个时期服务和融入国家战略任务的重中之重，用政策的升维来适应国家发展和创新的要求。一是要优化科技创新政策形成机制，打破自上而下的机械式、被动式贯彻落实国家创新政策的思维惯性，探索开辟自下而上的创新者政策话语权和主导权通道以及相应的机制，由创新创业创造者提出政策主张，并能得到政府的积极响应。二是因地制宜贯彻落实国家科技创新政策，改变以往省级政策内容求全、就政策落实政策的情况，在制定贯彻落实政策时要更加注重与云南实际情况的结合，考虑省级层面落实政策的操作性、州市层面落实政策的实效性，避免政策落实过程中"上热中温下冷"的问题。三是要加快完善政策落实反馈机制，加强政策贯彻落实的督查督办，制定关键政策落实责任清单，重视落实结果追踪和复查，强化政策执行过程中的情况反馈，推动形成第三方机构评估科技创新政策绩效的制度安排。

（二）探索实践绿色科技创新发展新路子

紧紧围绕生态文明建设排头兵战略目标，坚持新发展理念，将科技元素融入云南生态保护、健康生活、绿色生产，以科技创新引领高质量绿色发展。一是在全国率先实施绿色科技强省战略行动计划。顺应绿色革命时代潮流，与建设创新型云南行动计划相衔接，统筹全省科技资源聚焦发力，以实施绿色能源科技创新工程、绿色食品科技创新工程、健康生活科技创新工程、绿色科技创新平台支撑工程、绿色科技人才培引工程、绿色科技主体培育工程、绿色科技转移转化工程等重大工程为抓手,打造建设创新型云南行动计划升级版。二是构筑区域绿色创新发展高地。聚焦八大重点产业和打造世界一流的"绿色能源牌""绿色食品牌""健康生活目的地牌",建立研发、设计、生产、销售、服务一体化的产业绿色发展技术体系,面向广大农村的绿色发展、绿色生产、绿色生活开展绿色科技成果转化应用,把云南打造成为全国绿色技术成果应用首发地,推动乡村振兴发展。

(三)努力打造国家改革创新发展新样板

在农业高新技术企业发展、科技助力脱贫攻坚、生态建设协同创新等方面大胆开展政策、模式、机制创新,争做国家科技创新改革发展的"实验田"。一是深入研究国家已出台的一系列科技创新政策,积极探索研发费用加计扣除政策改革创新,基于云南农业领域高新技术企业规模占比大的特征,深入研究农业高新技术企业更好享受研发费用加计扣除政策的举措,积极争取国家授权先行探索试点,为国家完善相关政策提供经验。二是积极推广科技扶贫云南模式,以澜沧县科技扶贫为模版,加快推进"科技扶贫示范县"建设,持续深化中国工程院定点帮扶机制,在科技和智力扶贫方面积极探索新机制和新路径,加强科技扶贫的经验总结,在全省乃至全国边疆少数民族地区形成可复制、可推广的"澜沧模式"。三是依托国家自由贸易区、可持续发展创新议程示范区、高新技术产业开发区等国家级创新、试验、示范平台,在下放科研自主权、职务科技成果权属、产业数字化转型等政策方面有选择性地开展改革试点,先行先试,用改革的办法破除制约创新发展的体制机制障碍,打破制度障碍和行政壁垒,形成一批国家认可的创新试验成果。

第三篇 规划篇

第八章 云南"十三五"科技创新规划执行情况评价

对规划的执行情况进行梳理评价,是检验规划制定科学性及规划期内地区相应领域发展程度的重要手段。在"十三五"收官之年,以现有数据、情况对《云南省"十三五"科技创新规划》的执行情况进行梳理和评价,有利于更加精准地制定云南"十四五"时期的科技规划。

第一节 核心指标完成情况

《云南省"十三五"科技创新规划》设定了创新能力大幅提升、科技支撑引领作用显著增强和创新创业生态更加优化3个具体目标,围绕这些目标,设立了11项核心指标。在这些核心指标中,5项指标完成情况良好,1项指标可能完成,5项不能完成。具体情况详见表8-1。

表8-1 《云南省"十三五"科技创新规划》核心指标完成情况

序号	核心指标	2020年目标值	2015年基准指标值	2016年指标完成值	2017年指标完成值	2018年指标完成值	2019年指标完成值	指标完成情况预测
1	科技进步贡献率(%)	>60	44.05	46.29	48.53	—	—	不能完成
2	研究与试验发展经费投入强度(%)	力争达到全国平均水平	0.80	0.89	0.96	1.05	—	不能完成

续表

序号	核心指标	2020 年目标值	2015 年基准指标值	2016 年指标完成值	2017 年指标完成值	2018 年指标完成值	2019 年指标完成值	指标完成情况预测
3	规模以上工业企业研发经费支出占主营业务收入的比例（%）	≥1	0.63	—	0.76	0.80	—	可以完成
4	每万名就业人员中研发人员（人/年）	>25	13.14	—	—	16.60	—	不能完成
5	每万人口发明专利拥有量（件）	≥3.5	1.60	1.89	2.20	2.52	—	不能完成
6	被 SCI、EI、CPCI-S 收录的论文数（篇）	5000	3946	5119	—	—	—	提前完成
7	技术合同成交金额（亿元）	120	52.82	58.37	84.99	89.61	—	可以完成
8	知识密集型服务业增加值占国内生产总值比例（%）	15	12.46	13.83	14.06	—	—	可以完成
9	高技术产品出口额占商品出口额比重（%）	30	13.75	16.86	16.99	—	—	可能完成
10	累计认定高新技术企业数量（户）	≥1500	918	1095	1239	1362	1472	可以完成
11	公民具备科学素质的比例（%）	8	3.29	—	—	5.15	—	不能完成

数据来源：《云南"十三五"科技创新规划》、《云南省科技统计公报》（2016—2018年）、《云南省科技统计报告》（2018—2019年）、《中国科技统计年鉴 2018》、《中国区域科技创新评价报告》（2018—2019年）、《云南科技统计分析》（内部资料）。"每万名就业人员中研发人员（人/年）"及"每万人口发明专利拥有量（件）"完成值为自行测算。

可以完成以及提前完成的指标有 5 项。第一,"规模以上工业企业研发经费支出占主营业务收入的比例",预设目标为大于或等于 1%,2018 年完成值为 0.80%,对比基准值,年均增长率约为 9%,以目前增长率至 2020 年年底应可以完成预设目标。第二,"被 SCI、EI、CPCI-S 收录的论文数",预设目标为 5000 篇,2016 年完成值为 5119 篇,已提前完成预设目标。第三,"累计认定高新技术企业数量",预设目标为大于或等于 1500 户,2019 年完成值为 1472 户,年均增长率约为 12.6%,以目前增长率至 2020 年年底应可以完成预设目标。第四,"知识密集型服务业增加值占国内生产总值比例",预设目标为 15%,《中国区域科技创新评价报告 2018》显示该项指标 2017 年完成值为 14.06%,但其 2015 年指标值不同于规划显示的 12.46%,而是 13.06%。为最大限度保障数据的一致性,以 13.06% 作为基准值测算的年均增长率约为 3.8%,以目前增长率至 2020 年年底应能够完成预设目标。第五,"技术合同成交金额",预设目标为 120 亿元,2018 年完成值为 89.61 亿元,年均增长率约为 20.5%,以目前增长率至 2020 年年底应可以完成预设目标。

可能完成的指标有 1 项。"高技术产品出口额占商品出口额比重",预设目标为 30%。《中国区域科技创新评价报告 2018》显示,该项指标 2017 年完成值为 16.99%,但其 2015 年指标值不同于"十三五"规划显示的 13.75%,而是 10.73%。按照数据来源渠道一致性原则进行分析,即以 10.73% 作为基准值测算,年均增长率约为 29%,按这一增长率至 2020 年年底,应能够完成预设目标。按"十三五"规划的基准值 13.75% 来测算,年均增长率则为 11.6%,若按这一增长率测算,2020 年则不能完成预设目标。这样,"高技术产品出口额占商品出口额比重"这一目标完成的可能性受到质疑。

不能完成的指标有 5 项。第一,"科技进步贡献率",2017 年完成值为 48.53%,年均增长率约为 5%,以现有增速,至 2020 年年底不能完成 60% 的预设目标。第二,"研究与试验发展经费投入强度",预设目标为"力争达到全国平均水平"。国家规划目标为 2.5%,2018 年完成值为 2.19%,而云南 2018 年完成值仅为 1.05%,不足同期全国水平的50%，与预设目标差距巨大。以现有增长率，至2020年年底无法完成该项指标。第三，"每万名就业人员中研发人员"，预设目标为大于25人/年，2018年完成值为16.60人/年，对比基准值，年均增长率约为8.8%，以目前增长率，至2020年年底不能够完成预设目标。第四，"每万人口发明专利拥有量"，预设目标为大于等于3.5件，测算2018年完成值为2.52件，对比基准值，年均增长率约为16%，以目前增长率，至2020年年底不能完成预设目标。第五，"公民具备科学素质的比例"，2018年完成值为5.15%，年均增长率约为16%，以目前增长率，至2020年年底不能完成8%的预设目标。

第二节 重点任务实施情况

一、重大科技专项实施

《云南省"十三五"科技创新规划》围绕云南省重点产业发展战略需求、产业化重大科技问题、重大成果转化应用等目标，重点部署了生物医药、电子信息与新一代信息技术、生物种业和农产品精深加工、新材料、先进装备制造、节能环保6个重大科技专项，具体完成情况如下：

在生物医药领域，围绕"大品种研发及工艺标准提升""生物技术及临床医疗技术研发""中药材资源保障及开发""医养平台建设"等方面实施了一大批项目。形成了以Sabin株脊髓灰质炎灭活疫苗、肠道病毒71型灭活疫苗为代表的病毒类疫苗，以及注射用血塞通、血塞通软胶囊2个系列产品，治疗缺血性脑卒中天然药1类新药注射用KPCXM18等4个品种获国家药物临床批件，首个国产（全球第2个）十三价肺炎球菌多糖结合疫苗获批上市。

在电子信息与新一代信息技术领域，围绕空间信息应用服务基础设施、北斗卫星导航关键技术研发及示范应用、云南遥感卫星应用综合服务网络平台等工作，推进卫星遥感技术、卫星通信技术、卫星导航技术的研发与综合应用。光电子信息产业持续发展，研发的红外探测器、红外热成像系统、光学望远镜、微光夜视系统技术水平国内领先。

在生物种业和农产品精深加工领域,组织策划实施了谷物、蔗糖、家禽、水产、花卉、药材等一大批重大专项,育成具有广阔应用前景的水稻新品系9个,新增数十个花卉新品种并部分获得欧盟授权,获国家植物新品种权2项;金线鲃"鲃优1号"新品种填补了云南鱼类新品种申报的空白;"云上黑山羊"成为我国第一个肉用黑山羊新品种。

在新材料领域,围绕稀贵金属材料、基因工程材料、铝基材料、锡基材料等组织实施一批重大项目。电接触材料产品综合性能达到国内和国际领先水平,太阳能电池用锗单晶生长及晶片加工技术处于国内领先和国际先进水平。围绕前沿新材料研发及产业化,培育新兴产业,开展液态金属材料、碳纳米纸等前沿新材料的研发及成果转化,培育发展铝－空气电池、铝合金材料、高端钛材等产业突破关键核心技术。

在先进装备制造领域,先后组织了高原特色农业机械重大科技专项,推进3D打印、智能机器人、大型精密数控机床、轨道交通和大型铁路养护设备等领域科技项目实施。突破特定产业专用机器人关键技术1项,开发水下特种机器人、直角坐标机器人、自动泊车机器人新产品3项。开发CY－V10高效立式加工中心等大型精密数控机床7项;突破3D打印关键技术2项,开发3D打印智能云平台、多轨道穿梭机器人新产品2项;突破国际多种轨距大型养路机械关键核心技术,建立基于1676宽轨主要机型的技术和标准体系。

在节能环保领域,突破低品位热能提质技术及装备等余热余压利用技术2项;完成水污染防治技术和装备开发2项;突破大气污染成因与控制关键技术等2项;完成固废处置技术和装备开发2项;完成土壤污染防治技术和装备开发2项。

二、创新源头供给

《云南省"十三五"科技创新规划》提出围绕"推进优势基础学科建设""加强重点领域基础、应用基础及前沿技术研究""强化科

学研究实验设施和科技资源信息平台建设"3个方面加强自身科技供给能力,具体完成情况如下:

在重点领域基础、应用基础及前沿技术研究方面,昆明医科大学、云南中医学院等省内高校合作实施基础研究专项,加强生物医药、高原特色农业、中医药、西南野生物种资源等领域科学研究。省政府与国家自然基金委员会续签协议(2018—2022年),在原有的生物多样性保护、人口与健康、资源与环境、矿产资源综合利用与新材料4个领域外,新增了"'一带一路'背景下南亚东南亚区域合作与可持续发展战略研究"领域。

在强化科学研究实验设施和科技资源信息平台建设方面,全省重点实验室、公共科技服务平台、工程技术研究中心等科研基地和基础设施布局更趋合理,条件不断优化,对产业发展和优势特色学科建设的支撑作用显著增强。其中,新增省级重点实验室16家,新增省级重点实验室培育对象25家。

三、重点领域科技创新

《云南省"十三五"科技创新规划》围绕经济社会发展重点领域,提出开展工业转型升级、高原特色现代农业、现代服务业、生态文明建设、人口健康水平提升、增强公共安全科技保障能力、新型城镇化与城市发展7个重点领域的科技创新,为经济和社会发展提供科技支撑,具体完成情况如下:

在工业转型升级方面,围绕重点产业核心竞争力提升、高新技术产业发展、战略性新兴产业培育、落后工艺装备淘汰更新等重点,组织实施了一大批重大科技专项。其中,成功研制出具有自主知识产权新技术的高纯度、细小均匀的晶粒及较高磁透率的高纯NiPt靶材产品,打破了国外垄断;持续开展"锡冶炼顶吹炉富氧熔炼、烟化炉富氧吹炼以及锡精炼"等相关技术与装备创新研究,锡冶炼技术世界领先;开发高品质电子级多晶硅产品,实现批量生产电子级多晶硅并成功进入3~6英寸硅单晶市场应用,打破该领域产品长期依赖进口的局面。

在高原特色现代农业科技创新方面，围绕高原粮仓、山地牧业、高效林业等内容，建立健全现代农业产业技术体系。研发集智能化数据采集、云端专家支持系统构建、移动终端种植App研制为一体的花卉绿色生产技术，形成国内领先的花卉智能精准种植模式；雪兰、乍甸乳业、欧亚、蝶泉和来思尔均分别建设了存栏超2000头的现代化牧场；云南已成为全国最大橡胶种植基地，橡胶种植面积和亩产全国第一，胶林抚管技术集成体系世界领先；267个木材良种通过认定，授权专利100余项。

在生态文明建设科技创新方面，九大高原湖泊等重要水体水污染防治研究与应用示范工作持续推进，"南盘江农业生产废弃物循环利用示范"项目实现废弃物全利用；"建材废弃物石屑制备水泥混凝土关键技术研究、地方标准及应用示范工程"在国内首次编制实施，可指导规范石屑混凝土应用的地方标准。在可持续发展实验区建设方面，2019年5月临沧市经国务院批准建设国家可持续发展议程创新示范区。截至2019年，10家首批认定的省级可持续发展实验区完成验收工作，经3年多的建设，各实验区及相关县（市、区）在经济社会发展上成效显著。

在人口健康方面，组织实施"登革热分子流行病学应急检测技术研究及应用""云南省HIV-1跨境传播分子监测技术体系构建与示范"等一批重大项目，支撑重大疾病防控、优生优育、毒瘾戒断等领域发展。攻克"云木香良种繁育关键技术"等一批中药材种植（养殖）关键技术，开发了"药用玫瑰的花青素苷保健产品""血塞通系列产品"等一批天然健康产品和中药系列产品。

在增强公共安全科技保障能力方面，围绕食品安全、防灾减灾、突发公共事件防范等领域，加强公共安全保障技术体系建设。研发了乳品中兽药多残留现场检测与实验室确证技术；开发了高灵敏度的残留抗生素检测设备；新建兽药多残留定量检测方法3项，建立筛查技术规程2项；更新了云南冰雹灾害的多普勒雷达特征统计及预警指标。

四、技术创新引导

《云南省"十三五"科技创新规划》以强化企业技术创新主体地位和深化产学研协同创新机制为主线,不断健全技术创新的市场导向和政府引导机制,具体完成情况如下:

在强化企业技术创新主体地位方面,实施《云南省研发经费投入补助实施办法(试行)》,补助各类创新机构2000余家,共补助金额超过10亿元。同时完成了对《云南省研发经费投入补助实施办法(试行)》的修订,与省财政厅、教育厅联合印发实施了新的《云南省引导研发经费投入实施办法》。截至2019年年底,累计认定高新技术企业1472家,高新技术企业拥有的核心知识产权总量达6625项。

在深化产学研协同创新机制方面,鼓励企业联合省内高校、科研院所开展基础性、前沿性的产业技术前期研究,鼓励省内高校、科研院所科研人员承接省内企业委托的研发项目,鼓励企业、高校、科研院所共建研发平台,探索多种形式的产学研协同创新模式。2017年对《云南省推动产业技术创新战略联盟组建与发展的实施办法(暂行)》进行修订,新"办法"于2018年3月印发实施。

在园区提质增效方面,楚雄省级高新区获国务院批准升级为国家高新区,使得云南省国家级高新区总数达3家;曲靖高新区创建国家高新区工作有力推进;保山、文山两家省级高新区申报国家高新区的准备工作正在积极推进中。

五、大众创业万众创新

《云南省"十三五"科技创新规划》围绕组建产业共性技术创新大平台、构建开放共享互动的创新网络、强化技术转移转化服务、建设服务实体经济的创业孵化体系、推动科技金融深度融合5个方面,构建创新创业支撑服务体系,具体完成情况如下:

在组建产业共性技术创新大平台方面,新认定省级公共科技服务平台15家、科技企业孵化器17家、生产力促进中心3家,领域涉及大数据、农业、节能环保、电子信息、生物医药等方面。整合昆明医科大学科技力量，强化实验动物产业技术创新联盟和实验动物学会的作用，促进云南特色实验动物资源的开发和利用。

在构建开放共享互动的创新网络方面，云南省大型科研仪器协作共用网络服务平台已有入网单位150余家，入网仪器设备4000余套，涵盖分析、物理性能测试、计量、地球探测、电子测量、医学诊断、特种检测等领域，仪器原值超过10亿元。截至2018年年底，新增国家工程实验室1家，国家地方联合工程研究中心/实验室9家，省级工程研究中心/实验室20家；新增国家企业技术中心3家，省级企业技术中心101家。这些平台成为云南专利申请、关键技术突破、新产品开发、技术推广示范、科技成果转化等科技工作的重要支撑力量。

在强化技术转移转化服务方面，截至2018年年底，全省拥有国家级技术转移示范机构7个，省级技术转移示范机构12个；制定出台《云南省促进科技成果转移转化实施方案》《云南省促进科技成果转化条例》等文件；全省技术合同成交额达89.61亿元。在县域科技成果转化中心和科技成果转化示范县建设方面，截至2019年年底，共建立县域科技成果转化中心123个，建设科技成果转化示范县33个，有力支撑了全省的技术转移工作。

在建设服务实体经济的创业孵化体系方面，颁布实施了《云南省人民政府关于加快构建大众创业万众创新支撑平台的实施意见》《云南省人民政府关于推进大众创业万众创新政策措施的实施意见》《云南省人民政府办公厅关于加快众创空间发展服务实体经济转型升级的实施意见》等系列文件，全省众创空间服务能力不断提升。昆明经济技术开发区被认定为云南省首家国家级双创示范基地；截至2018年，已认定130家省级众创空间，其中36家众创空间获得科技部备案，形成了"国家—省—州（市）"3个层次的众创空间发展格局，在地理分布上实现了对16个州（市）的全覆盖。

六、科技人才队伍建设

《云南省"十三五"科技创新规划》围绕优化科技人才结构、科技人才引进培养载体建设、新型科技创新智库建设、完善人才发展机

制4个方面,来构建新时代云南科技创新人才队伍,具体完成情况如下:

在科技人才结构优化方面,出台实施了《云南省科技厅建立院士创新团队实施办法》《云南省万人计划"科技领军人才"专项实施细则(试行)》等政策,大力引进和培育科技人才。截至2018年年底,共有在滇两院院士10人,省科技领军人才31人,引进高层次人才113人,引进高层次创新创业团队11个,省中青年学术和技术带头人后备人才1149人,省技术创新人才培育对象762人,省创新团队233个。

在科技人才引进培养载体建设方面,大力推进院士专家工作站建设工作,2016—2018年,累计认定院士专家工作站242个,其中院士工作站129个。2019年,为进一步完善院士专家工作站建设运行与管理,省科技厅、省委组织部、省财政厅、省人力资源和社会保障厅共同修改完善并印发了《云南省院士专家工作站管理办法》(云科规〔2019〕6号)。

在新型科技创新智库建设方面,2017年6月印发实施了《云南省科技创新智库及专业化研究机构建设方案(试点)》;2018年3月省科技厅印发了《云南科技创新智库建设和运行管理办法(试行)》,并于同年11月正式组建省科技创新智库,首批成员单位共24家。

在人才发展机制完善方面,省委、省政府印发了《中共云南省委 云南省人民政府关于深化人才发展体制机制改革的实施意见》,以省政府名义印发实施了《关于贯彻落实国务院实施〈中华人民共和国促进科技成果转化法〉若干规定的实施意见》,省人才领导小组印发了《省人才领导小组关于人才特区建设的指导意见》,以省委、省政府办公厅名义印发了《关于实行以增加知识价值为导向分配政策的实施意见》,省科技厅印发了《云南省科技厅关于印发〈云南省技术创新人才培养实施办法〉的通知》,不断盘活机制,激励广大科技人员创新创业,保障其在科技成果转移转化中的各项权益。

七、科技对外开放

《云南省"十三五"科技创新规划》围绕深化国际科技合作和深化推进科技入滇两个方面,合力打造面向南亚东南亚科技创新辐射源,具体完成情况如下:

在深化国际科技合作方面,以面向南亚东南亚科创中心为核心工作,发布实施了《云南省人民政府关于印发建设面向南亚东南亚科技创新中心专项规划的通知》,制定了《面向南亚东南亚科技创新中心建设实施方案》。2018年认定面向南亚东南亚区域科技信息中心4家、区域现代农业研发辐射中心5家、区域国际创新创业中心5家、生物医药大健康产业基础服务基地2家、国际科技合作与技术转移基地6家、科技人员交流与教育培训基地7家。截至2018年年底,新认定省级国际科技合作基地15家。成功举办了第三届中国—南亚国家技术转移与创新合作大会,组织召开中国南亚科技部长高端论坛、中国—南亚专业技术转移对接会等系列活动,签约项目金额超过30亿元;促成了我国科技部与阿富汗、尼泊尔、斯里兰卡三国科技部高层的对接交流。成功举办第四届云南国际人才交流会、2019南亚东南亚技术转移对接洽谈会等重要活动,促成40余项国际合作项目并引进了一批海外高层次人才。

在推进科技入滇方面,2016年第三届科技入滇对接活动成效显著,共实现签约项目993项,云南省人民政府与南开大学、天津大学、东南大学、武汉大学、北京化工大学5所著名高校及广药集团签署战略合作协议;云南省科学技术院与中科合创(北京)科技成果评价中心、昆明北理工科技孵化器有限公司、广东省科学院、华南理工大学、华南农业大学等单位签署合作协议;建成中国工程科技发展战略云南研究院、北航云南创新研究院等重大合作平台。成功举办2019沪滇科技成果交流对接活动,促成112个项目签约落地。第四届科技入滇对接活动正在有序推进,梳理了全省1084项重大科技需求和配套政策向外发布,组织赴省外开展宣传推介。

八、科技扶贫

《云南省"十三五"科技创新规划》围绕完善省、州（市）、县三级联动科技扶贫机制，支撑特色产业加快发展，强化科学素质提升和新型职业农民队伍建设，支持面向"三农"的创新创业载体建设，科技人员服务"三区"，加强农村信息服务体系建设6个方面，开展全省科技扶贫工作，具体完成情况如下：

印发实施了《云南省科技厅关于科技助力打赢精准脱贫攻坚战三年行动的实施方案》，全力开展精准扶贫。一是加快建设农村信息化示范项目，推进形成覆盖全省的农村信息服务体系。二是在25个边境县、3个藏区县各组织实施1个科技兴边富民专项特色产业科技项目。三是支持引导科技人员在集中连片特殊困难地区开展科技创业和科技服务，培训当地技术人才。四是根据贫困地区特色产业发展需要，示范推广新品种30个、转化科技成果40项。五是以中国工程院定点帮扶的澜沧县、会泽县为样本，开展科技扶贫示范县建设。六是设立"科技扶贫示范"项目资金，组织实施科技兴边富民工程、产业扶贫科技示范、科技特派员扶贫示范等项目。七是开展"科技下乡"集中示范活动、巡回科技服务活动，给当地群众送技术、送物资、搞培训、做义诊。

九、科技体制改革情况

《云南省"十三五"科技创新规划》围绕党中央、国务院以及省委、省政府关于深化科技体制改革的决策部署，重点从健全科技创新治理机制、深化科技计划管理改革、改革科技项目和经费管理、完善科技成果转移转化机制、深化科技评价制度改革、推动科研院所改革创新、扩大科研自主权7个方面，开展科技体制改革工作，具体完成情况如下：

在政府职能转变方面，云南省科技厅紧跟省委、省政府部署，深化"放管服"改革完善政务服务一网通办，简化科技项目申报、评审所需材料及流程，压缩项目审批时间。开展专业化项目管理机构改革试点,分别委托云南省科学技术院、云南省农村科技服务中心开展生物医药和大健康领域、农业领域的科技计划项目专业化管理工作,创新科技计划项目管理机制。探索稳定支持省级农业科研院所试点工作,下放科技项目组织策划权限。

在科技计划管理改革方面,将原有的9类科技计划优化整合,形成基础研究计划、重大科技专项计划、重点研发计划、创新引导与科技型企业培育计划、科技人才和平台计划5类科技计划。根据新的科技计划体系,对现有各类科技计划进行优化整合,并体现到年度财政预算中。

在科技项目经费管理改革方面,出台了《云南省科技计划项目资金管理办法(试行)》,下放预算调剂权限、科研仪器设备采购权限、差旅费/会议费/国际合作交流费使用权限、结余资金使用权限等,提高人员费比例,劳务费预算不设比例限制,绩效支出不设比例限制,提高间接费用比重等。

在科技评价制度改革方面,省科技厅印发了《云南省财政科技支出绩效评价实施细则(试行)》,按照投入、产出、过程和效果类别进行事前、事中和事后全过程管理,科技计划、专项和项目三个层次,以项目为重点,分层次、分类别评价,建立以体现诚信的自评为基础、采用第三方独立评价为结果的管理模式。

在扩大科研自主权方面,云南省政府办公厅印发了《关于实行以增加知识价值为导向分配政策的实施意见》,明确院所高校岗位设置、人员聘用、绩效工资分配、项目经费管理等方面自主权。对科研人员实行岗位管理,用人单位根据国家有关规定,结合实际需要,合理确定岗位等级的结构比例,鼓励建立各级专业技术岗位动态调整机制等。

第九章 国内外形势与需求分析

第一节 当今世界政治经济与科技发展形势分析

当前,全球经济活动普遍低迷,联合国发布的《2020年世界经济形势与展望年中报告》显示,受新冠肺炎疫情影响,2020年全球经济预计萎缩3.2%,全球经济遭受重挫,供应链中断、需求被抑制❶。李大伟等学者提出,当前全球主要经济体经济增速全面放缓,金融市场隐藏较大危机,全球经济治理分歧加剧,经贸纷争此起彼伏,各国经贸联系显著减弱,全球化进程面临严重波折,世界经济出现新一轮大调整成为大概率事件❷。尤其是新冠肺炎疫情肆虐全球,不仅对全球经济、社会、政治秩序产生巨大冲击,也将对包括科学技术在内的各领域产生广泛且深远的影响,势必加剧大国博弈,加速重构世界格局和秩序。

一、新冠肺炎疫情的全球蔓延深刻影响世界经济政治格局与秩序

新冠肺炎疫情的暴发和蔓延,引发了全球政治经济的剧烈变动,动荡源和风险点陡然增多,全球产业链、价值链、供应链以及国际经贸往来等均受到重创,世界经济下行压力不断加大,全球治理结构存

---

❶ 王建刚.联合国预计2020年全球经济萎缩3.2%[Z].经济参考报,2020.
❷ 李大伟,季剑军,孔亦舒,等.2020年世界经济形势分析与展望[J].中国发展观察,2020(Z1).

在的矛盾和压力进一步凸显，国际秩序遭遇巨大冲击。正如2020年3月联合国秘书长古特雷斯在讲话中所说，"当前的新冠肺炎是'二战'以来最严重的全球危机，也是联合国成立以来的最大考验"。

疫情的暴发触发人们启动对传统全球化的反思，调整后的新型全球化成为趋势。有经济学家指出，现在世界的危机不仅是经济危机，还是由经济危机、疫情带来的生命危机、公共卫生危机、金融危机、地球生态危机和大宗商品的市场危机交织在一起，而现今的世界经济危机已经超出了以往意义上的那种单纯经济因素引发的经济危机，整个世界的发展面临着极其严峻的挑战❶。疫情之前，"逆全球化"的趋势已有迹象，英国通过脱欧公投，美国推动贸易保护、边境修墙、控制移民等一系列政策，都是"逆全球化"的标志事件。

世界局部冲突动荡频发，恐怖主义、地缘纷争、安全威胁等问题层出不穷，"黑天鹅""灰犀牛"事件频发，进一步加剧了世界经济发展的不稳定性。而突如其来并迅速席卷全球的新冠肺炎疫情更是加速了"百年未有之大变局"的演进，疫情之下，许多国家采取了"封城"乃至"封国"的应急举措，新冠肺炎疫情的肆虐加剧动摇了人们对全球经济一体化的信心。美国外交关系委员会主席理查德·哈斯（Richard Haass）认为，这场危机会导致大多数政府在接下来几年内将政策重心转向国家内部：鉴于全球供应链的脆弱性，经济上会倾向于选择性地自给自足；大规模移民政策也会遭遇更强烈的反对；各国会降低共同解决全球问题或区域问题的意愿或承诺❷。全球的治理、规则、标准以及大国之间的关系、国家与国家之间的相处方式都会有新的思考，形成具有更强抗风险能力的新型全球化模式。疫情蔓延使全球产业链、供应链受到重创，全球经济衰退难以避免，各国经济发展会一定程度上向内调整。

在经济全球化时代，任何一件产品都可能是多个国家协作的产

---

❶ 陈文玲. 全球经济形势急转直下，中国当务之急要做好"五防"![Z]. 昆仑策网，2020.

❷ 肖舒妍. 疫情过后，"全球化"是否会走向终结？[Z]. 新京报书评周刊，2020.

物,是全球产业链整体价值的体现。但正如我国学者黄奇帆所指出,传统水平分工的全球产业链体系抗风险能力弱,产业链上每个环节都已经利用各种信息技术把产业链的信息流、物流、资金流运转到了极致,所有链上的成员都得益于平稳运行时期的水平分工、全球产业链的高效率,却很少考虑一旦发生全球性事件,极致运行的产业链蕴含着巨大风险❶。然而人类全球化的大方向不会变,因为疫情的隔离阻断、贸易战的对立,即便短期内人员和货物流动出现停滞,但资源优化配置有利于各国发展的内涵不会变。此时妄言全球化结束是短视的,但全球化有回归"经济主权"时代的态势,各国将更加重视自主可控的产业链布局,部分产业将向本国回流。

新冠肺炎引发的危机导致世界秩序和国际格局的变化存在更多不确定性。疫情暴发以来,千万级别的失业人数、动辄以万亿美元为基数的经济舒缓措施、全民发放食品券和救助金等大事件接连上演。世界通力合作对抗疫情表现不佳,极端民族主义和民粹主义出现抬头趋势,美国等西方国家政客为转移国内失望和愤怒而将中国作为标靶,"甩锅"言论频繁出现,世界格局和国际关系更加复杂。

二、全球新一轮科技革命和产业变革将重塑全球创新版图和国际竞争格局

当前,新科技革命和产业变革孕育兴起,全球科技创新活动进入新的密集期,科学突破和新技术发展进入日新月异、群体迸发的活跃期,信息网络、人工智能、新能源、新材料、先进制造等领域呈现群体跃进态势,颠覆性创新不断涌现,催生新经济、新产业、新业态、新模式,对世界经济格局和增长前景产生深远影响。全球新一轮科技革命和产业变革呈现出"一主多翼"的演进格局❷。所谓"一主",就是以信息技术深度和全面应用为特征的技术革命迅猛发展,带动应

---

❶ 黄奇帆. 疫情后的产业链[Z]. 产业经营, 2020.
❷ 隆国强, 张琦, 王金照, 等. 未来国际经济格局变化和中国战略选择[N]. 经济日报, 2019.

用领域的创新突破以及新业态的不断出现，数字化、网络化、智能化加速推进。所谓"多翼"，就是新能源技术、材料技术和生物技术等新技术创新发展。在新能源技术领域，风力发电、太阳能发电、智能电网、能源互联网等进入大规模应用阶段，电动汽车等有望突破市场化初期瓶颈，进入规模发展阶段。生物技术在基因技术、干细胞组织工程技术、快速测量技术等基础技术领域取得重大突破，并在生物育种、生物医药、生命健康领域不断得到应用。材料技术在开发新型功能材料、高性能结构材料和先进复合材料等领域取得重大进展。航天、深海领域的技术创新也十分活跃。

从世界技术革命和产业变革格局来看，主要国家纷纷在相关领域加紧布局。一方面，欧美等发达国家利用自身雄厚的科技基础和强大的技术创新能力努力积极抢占新一轮工业革命的技术制高点，同时竭力遏制后发国家跻身科技创新前列，意图维持自身在全球创新格局中的主导地位；另一方面，随着全球研发创新活动逐渐向新兴经济体加速转移，以东亚地区为代表的广大新兴经济体成为全球创新网络中的创新活跃地区，形成了一批具有赶超之势的队伍。再者，随着新冠肺炎疫情的冲击，全球产业链断裂，人才、资本、技术、产品和信息等创新要素全球流动浪潮受阻，部分国家主观上开始推动本国产业链重新配置，全球技术竞争将会更加激烈，全球产业布局也将有重大调整，大国之间科技战和产业战将削弱世界经济增长的内生动力，周期性、结构性和战略性"脱钩"正成为大国战略竞争的重大威胁。

三、创新战略同生存战略紧密联系，科技竞争正成为决定大国未来的关键领域

科学、技术、产业相互交织、相互促进。一些重大颠覆性技术创新对传统产业产生巨大冲击，技术和产品加速迭代，不断创造新需求、新业态、新产业，数字经济、智能经济成为新的经济形态，进而塑造新的社会形态，其中最显著的表现是新一轮信息革命浪潮对生产方式产生深刻影响。近年来，新一代信息技术日新月异，引领社会产生新变革，创造人类生活新空间，拓展国家治理新领域，极大地提高

了人类认识世界、改造世界的能力。信息时代的云计算、互联网、人工智能等正成为推动进入智能时代的决定性力量,信息技术成为各国推动产业转型升级的重要抓手。可以说,当今世界处于以信息化全面引领创新、以信息化为基础重构国家核心竞争力的新阶段,迎来了新一轮信息革命浪潮。信息化带来了产业技术路线革命性变化和商业模式突破性创新,进而形成信息技术驱动下的产业范式变迁、企业组织形态重构以及就业和消费方式变化,促进生产方式智能化、产业形态数字化、产业组织平台化。最具标志性的是,"十四五"时期将进入以5G为主要标志的新技术突破期,万物互联和无延迟的实现,使无人驾驶、远程医疗、智慧城市、智慧家居、精准控制等拥有了技术基础,将极大改变生产方式和生活方式。

从贸易战到新冠肺炎的全球蔓延,世界科技合作和竞争格局正在发生重大变化。从总体竞争格局看,疫情结束后,大国间科技"脱钩"加剧、科技竞争会更加激烈,世界主要大国趋向于重构国家科技供应链体系,强化其全球科技主导力将成为新趋势。国际科技较量将在基础研究、应用基础研究、开发试验研究等创新链各个环节展开。从关键领域层面看,国际科技竞赛将主要从以下领域展开:疫苗研发、新药创制、疾病诊断、基因编辑、合成生物学、干细胞和再生医学、精准医疗等技术是保障人类生命安全与健康的至关重要的科技攻关和创新领域;以人工智能、量子信息、移动互联、大数据、云计算为特征的新一代信息技术多点突破、广泛应用,成为提升产业竞争力的技术基点;以机器人、数字化、新材料、网络设计服务相结合为特征的先进制造技术,正在推进全球制造向智能化、服务化、绿色化发展;传统化石能源的高效清洁利用,页岩气和可燃冰等非传统油气资源的开采利用,以及先进核能、可再生能源和智能电网等新能源技术,将引发世界能源革命和产业体系变革;全球气候变化、生态环境保护与修复、绿色农业等领域的科技进步,是世界推进生态文明建设和可持续发展的长远动力。

第二节　科技支撑国家发展战略的形势与要求

进入中国特色社会主义新时代后，我国正在经历从富起来到强起来的历史性飞跃。中国坚持和平崛起的发展道路，坚定不移地依靠改革开放和创新驱动解决发展中的问题。改革开放以来，中国科技事业发生了历史性变革、取得了历史性成就，从科技空白之国成为具有全球影响力的科技大国，也比历史上任何时期都更需要建设世界科技强国。2016年5月，中共中央、国务院印发的《国家创新驱动发展战略纲要》制定了"三步走"战略目标，提出到2050年要建成世界科技创新强国。党的十九大报告明确指出创新是引领发展的第一动力，要加快科技强国建设。建设世界科技强国已经成为中国实现建成社会主义现代化强国的伟大目标和中华民族伟大复兴的中国梦的战略核心。而深入实施创新驱动战略、建设科技强国、推动经济社会高质量发展，必须全面展望全球科技发展趋势，依靠科技创新为转变发展方式、优化经济结构、转换增长动力注入强大的内生动力。

当前，中国经济正在经历从高速增长向高质量发展的重大转型，科技正处于从量的积累向质的飞跃、点的突破向系统能力提升的重要时期，虽然在主要科技领域和方向上实现了"占有一席之地"的战略目标，但是仍存在原始创新不足、重点产业核心技术受制于人、创新体系不完善等短板。新时代维护和塑造总体国家安全，迫切要求全面提升科技实力，在更大范围、更高水平上发挥科技创新对国家发展战略的支撑作用。

一、落实总体国家安全观对科技安全提出高要求

2020年4月，习近平总书记以卓越的政治家和战略家的宏大视野和战略思维，高瞻远瞩地提出总体国家安全观，强调了包括政治、国土、军事、经济、文化、社会、科技、信息、生态、资源、核等重点领域安全，以及太空、深海、极地、生物等新兴领域安全。科技安全是国家安全的重要组成部分，是支撑和保障其他领域安全的力量源

泉，是塑造中国特色国家安全的物质技术基础。历史证明，科技兴则国家兴，科技强则国家强。科技实力的全面提升，不单是创新和发展的需要，更是生存和安全的需要。加强科技安全，一方面要加快提升自主创新能力，壮大科技实力，维护科技自身安全；另一方面要充分应用科技实力，为保障国家主权、安全以及发展利益提供强大的科技支撑。

二、新时代经济社会发展对科技发展提出新需求

党的十九大指出，中国特色社会主义进入新时代，我国社会主要矛盾转化为人民日益增长的美好生活的需要和不平衡不充分的发展之间的矛盾，人民群众对清新空气、安全食品、优美环境、健康生活的需求越来越强烈。我国经济发展从高速增长向高质量发展转变，面临着发展方式转变、新旧动能转换和外部环境复杂多变的多重压力，产业发展存在外部打压和"低端锁定"风险。满足新时代人民和国家发展需求，迫切要求全面提升科技实力，在更大范围、更高水平上发挥科技创新对经济社会发展的支撑保障作用。

三、新一轮科技革命和产业变革对科技创新提出新挑战

历次科技革命通过科技成果的产业化、市场化，催生出新的行业，改造传统产业，塑造产业格局，推动产业革命爆发。新一轮科技革命和产业变革加速演进，多学科、多领域交叉融合不断加深，新一代信息技术、生物技术、新能源技术、新材料技术、智能制造技术快速发展并广泛应用，将深刻改变技术路径、产品形态、产业模式，推动产业生态和经济格局重大调整，为产业发展带来无限机遇。而从科技安全的角度看，科技创新的渗透性、扩散性、颠覆性特征正在深刻改变人类社会的生产生活方式，重塑经济发展方式。人工智能、合成生物学、基因编辑等技术在不断突破技术瓶颈的同时，对社会伦理产生极大冲击，区块链、大数据、云计算等技术在不断颠覆生产生活方式的同时，对信息安全、网络安全、金融安全带来极大挑战。

四、新冠肺炎疫情的全球蔓延对我国科技在防范、管控风险以及应对重大危机上提出紧迫需求

新冠肺炎疫情的蔓延,严重危及全人类生命健康,同时给世界政治、经济、安全带来了严重的危机和隐患,世界政治经济格局将发生深刻变化。同样,这给我国的人民生命安全、经济社会发展带来了沉重的打击。社会恢复正常秩序、经济稳定和复苏都需要科技的全力支撑。同时,奉行单边主义的国家对我国科技发展采取的限制措施不断升级,针对性更强,范围不断扩大。我国科技发展必须从此次疫情大流行以及后续国际环境变化中得到警示,强化科技安全建设,强化科技在防范、管控风险以及应对重大危机方面的支撑能力。

第三节 云南未来发展对科技创新的重点需求

新形势下,云南应主动融入国家战略,深入结合自身经济社会发展需求,强化科技创新对全省重大发展需求、重大发展战略的支撑能力,适应经济社会发展形势变化和科技创新变革,推动经济高质量发展,支撑生态文明、社会文明、精神文明建设,维护人民生命健康,面向未来发展,加快形成全面的科技创新支撑体系。

一、推动经济高质量发展对科技创新的需求

习近平总书记在考察云南时要求云南在推动产业优化升级上下功夫,加快推动产业结构由中低端向中高端迈进。结合实际,云南提出走"两型三化"的新路子,即推动产业结构向开放型、创新型和高端化、信息化、绿色化转型发展。产业转型升级的三条路径也已经明确:加快承接东部地区的产业转移;引进先进技术和自主创新并举改造提升传统产业;大力培育和发展新兴产业。科技发展的落脚点需要全力聚焦到支撑经济高质量发展上来。

一是需要聚焦云南省八大重点产业的技术短板和创新需求,大力推动前瞻性技术创新、聚集,推动产业集群向创新集群转变,大力推

动传统支柱产业创新变革和强化升级,聚焦产业转型发展,将云南打造成产业创新示范区。

二是需要通过科技引领培育和壮大新兴产业。新兴产业呼唤科技创新,需立足云南自身优势,培育和发展壮大新兴产业,尽快形成一批新产业、新业态、新技术、新模式,重点支撑生物医药、新材料、先进设备制造、新一代信息技术、大健康、现代物流等优势产业,在"短链"延长、"断链"连通、"细链"增粗、"无链"生有、"弱链"变强等方向重点发力,科技助力形成新兴的区域竞争优势。

三是需要全面疏通科技成果转化通道。围绕经济社会生态建设核心需求,集政、产、学、研、金、介、贸、媒、用等创新要素于一体,建立一体化的科技成果转化全链条服务机制,为科研单位、投资机构、企业、政府部门、产业园区等提供全过程、全系统、全方位的服务,打破科技资源局限性,为经济发展提供更直接、更及时、更全面的科技支撑。

二、实施乡村振兴战略和建设美丽云南对科技创新的需求

新时代,我国社会的主要矛盾已经转化为人民日益增长的美好生活需要和不平衡不充分的发展之间的矛盾。云南是集山区、民族、边疆、贫困等要素为一体的省份,发展不平衡不充分的问题显得更为突出,其中最大的发展不平衡是城乡发展不平衡,最大的发展不充分是农村发展不充分,现代化建设中最薄弱的环节仍是农业农村。深入实施乡村振兴战略、建设美丽云南,必须强化科技创新引领作用,助力决胜脱贫攻坚,引领农业产业发展,加强科技创新治理,护航生态文明建设。

一是需要整合多方科技力量,支撑决胜脱贫攻坚。科技创新应当更加充分地发挥科技精准脱贫支撑作用,创新扶持模式,精准摸底扶贫科技需求,推动科普资源下乡。同时需要建立完善长效扶贫机制,培养良好创新氛围,推进农村大众创业、万众创新,有效防止返贫,引导企业带动乡村发展,鼓励科技人才助力乡村振兴。

二是需要突破关键核心技术,引领农业产业发展升级。农业转型

升级以及"绿色食品牌"的打造,高度依赖技术创新引领,亟须突破核心关键技术,强化农业科技服务。需要不断加强现代农业产业技术体系、新型农技推广体系、农业科技成果的转化体系建设。在良种选育、农产品精深加工、农业资源高效利用、废弃物资源化、农业生态环境保护等环节,全面强化全产业链提质增效,提供关键科技攻关、配套技术集成、高端产品研发等链条化科技创新支撑,提升农业发展质量,打造绿色农业品牌。

三是需要加强科技创新治理,支撑美丽、现代乡村建设。强化持续改善农村人居环境和加强乡村生态保护与修复是云南省实施乡村振兴战略的重要内容,需要全面加强科技创新规划、示范、服务和资源配置能力,探索科技成果入乡转化的新路径、新机制和新模式,提高云南省农业科技创新治理体系与能力建设,促进城乡融合发展。推进农业生产从传统粗放向绿色可持续发展方式转变,解决农业环境、农产品品质的突出问题,加强农村水污染防治技术攻关及应用,推动农村生活污水治理和生态文明建设,筑牢生态屏障。支撑架设智慧乡村、美丽乡村、富裕乡村。

三、"数字云南"建设对科技创新的需求

当前,互联网、大数据、人工智能、区块链等新一代信息技术正深刻改变着人们的生产生活方式。全面推进"数字云南"建设是云南省积极主动拥抱信息数字化时代、推动全省经济社会持续健康发展的必由之路。"数字云南"建设以信息网络为主要载体,以数字技术融合应用、生产要素数字化转型、社会治理数字化转型等为推动力,以推动云南省政府、经济、社会全面数字化为目标,每一环节都同科技创新具有无比紧密的联系。

一是需要推进数字经济产业科技创新能力建设。围绕数字经济重点行业领域发展需求,以行业数字化共性关键技术研发为重点,支持产业创新中心、工程研究中心、重点实验室、企业技术中心重大创新载体建设。构建多层次自主创新体系,提高技术研发与创新能力,营造数字经济创新发展生态。

二是需要深入推进产业数字化转型升级,建设数字经济开发区,打造"数字云南"产业集聚与经济发展新引擎。将发展新一代信息技术与八大重点产业、世界一流"三张牌"、战略性新兴产业和未来产业发展统一起来,促进互联网、大数据、人工智能、区块链等新一代信息技术同实体经济深度融合,发挥科技在培育新业态、新模式、新动能中的引领作用。

三是需要科技支撑社会治理数字化转型。"数字政府"改革建设以政务信息化、监管督查信息化、资源数字化等为主要内容。需要深入推进政府管理、公共服务、社会治理能力现代化进程,支撑"一部手机""刷脸就行"等云南数字品牌完善建设,支撑"智慧城市""智慧社区"建设。推进旅游、教育、医疗、医保、公安、交通等重点领域数字化能力建设,构建"数字云南"社会治理与行业监管新模式。

四是需要强化数据资源安全保障与产权保护科技支撑能力。加强针对数据采集、存储、传输、共享和应用过程中的科技安全保障。加大对技术专利、数字版权、数字内容产品、个人隐私等的保护力度。

第十章 云南科技创新的基本判断与认识

云南科技创新综合水平在全国处于第三梯队，整体处于由"跟跑"为主向"并跑"为主转变，局部实现"领跑"的阶段。

科技创新综合水平在全国处于第三梯队。从全国31个省（区、市）科技创新水平来看，云南与西部地区的贵州、广西、甘肃等一样，多年来处在第三梯队。云南综合创新能力从2013年的全国第26位上升至2017年的第22位，其中，知识创造综合指标2013年与2017年的排名均为全国第23位，知识获取综合指标从2013年的第21位下滑至2017年的第25位，企业创新综合指标从2013年的第27位上升至2017年的第18位，创新环境综合指标从2013年的第24位下滑至2017年的第25位，创新绩效综合指标从2013年的第25位上升至2017年的第20位❶❷。综合来看，与全国其他省（区、市）相比，云南在知识获取与创新环境方面存在较大差距。

紧跟国家战略，争取国家布局，突出区域特色。近年来，国家在基础和应用基础研发平台、高新技术集聚载体、高企、面向南亚东南亚的国际科技合作平台等具体点位上赋予了云南一定的使命与责任，这与云南科技发展水平以及自身努力密切相关。在此背景下，唯有紧跟国家战略，努力争取面上更大范围的国家科技布局，充分发挥云南的特色与优势，才能走出适合自己的科技创新之路。基础研究方面，

---

❶ 中国科技发展战略研究小组，中国科学院大学中国创新创业管理研究中心. 中国区域创新能力评价报告2015 [M]. 北京：科学技术文献出版社，2015：160.

❷ 中国科技发展战略研究小组，中国科学院大学中国创新创业管理研究中心. 中国区域创新能力评价报告2019 [M]. 北京：科学技术文献出版社，2019：152.

围绕动植物等生物学、地理地质学等潜心开展基础与前沿科学探索，力争有所作为。应用基础研究方面，围绕新材料、生物医学等开展共性理论问题研究，为重大技术创新提供科学依据，力争有所作为。在技术创新方面，围绕新材料、先进能源、高原特色农业、先进制造等开展颠覆性技术、前沿引领技术、关键共性技术、产业化应用技术研发，力争大有作为。

越是欠发达地区，越需要科技创新。云南资源型的产业经济形态，若按照市场经济的自然发展规律，至少需要十年甚至几十年的发展才能进入创新驱动阶段。云南现阶段的发展主要依靠生产要素驱动，辅之以投资驱动。高资本投入、高资源消耗、高污染排放、低成本竞争、低效率产出的云南产业发展模式与美丽云南建设和高质量发展需求产生了尖锐的矛盾。破解这一矛盾，实现云南跨越式发展，唯有依靠科技创新，跨越经济产业发展阶段论，实现意识形态对经济发展的反作用。紧抓以大数据、人工智能为代表的全球第四次产业技术革命契机，与新时代国家经济发展质量变革、效率变革、动力变革的要求相适应，深化对创新发展理念的认识与践行，以科技创新为利器，实现云南经济社会的高质量跨越式发展。

高质量科技供给，开放创新是基础。截至 2017 年，云南"十三五"科技创新规划已执行满 3 年，在纳入统计的 8 项主要指标中，实现程度有 5 项低于 50%，其中，万名就业人员研发人力投入实现度仅为 18.40%，全社会 R&D 经费支出占 GDP 比重仅为 21.71%，万名发明专利拥有量仅为 31.31%，高技术产品出口额占商品出口额比重仅为 32.45%，规模以上企业研发投入占主营业务收入比例仅为 34.42%❶。可以预见：到 2020 年中国进入创新型国家行列之时，云南仍处于追赶进入创新型省份的行列。在这样的基础上，云南凭借自身力量实现高质量科技供给已成为不可能，唯有借助外脑外力，实现更高水平的开放创新，才能保证跨越式发展的高质量科技供给。云南的开放创新

---

❶ 中国科学技术发展战略研究院. 中国区域科技创新评价报告 2019 [M]. 北京：科学技术文献出版社，2019：231.

首先是对内开放，其次是对外开放。对内开放要紧扣科技入滇，对外开放要紧抓科技创新中心建设，用对内开放来反补对外开放，建成真正意义上的辐射中心。

高质量科技供给，科技成果转移转化是抓手。云南基础前沿创新、原始创新的能力不足，这已是不争的事实。基础研究等方面的突破，很难在短期内奏效，因科学有其自身发展的规律。应用研究和技术创新则不然，其可在短期内通过制度创新、管理创新等实现非对称赶超式发展。2017年，云南科技促进经济社会发展评价排名全国第28位，其中经济发展方式转变全国排名第29位，劳动生产率排名全国第30位，资本生产率排名全国第27位❶。这说明，云南科技经济不协调问题突出，科技经济"两张皮"现象依然严重，破解之术是实现科技与经济的融合，融合之道关键在于实现科技成果的转移转化。现阶段，云南经济发展急需的是可以转化成现实生产力的新技术、新产品和新工艺，实现了科技成果向云南的转移和落地转化，就是抓住了科技创新的"牛鼻子"，吃下了经济发展的"定心丸"。

高质量跨越式发展，创新环境营造是首要。在创新基础薄弱、创新经济不强等多项硬性条件匮乏的背景下，云南只能通过营造软环境，叠加云南"山好水好人更好"的人文优势，来实现非常规跨越式发展。但是，创新环境的不优事实上已经成为制约云南发展的关键核心因素，究其原因主要是思想越来越禁锢、观念越来越陈旧。2017年，云南科技创新环境评价排名全国第29位，其中科技人力资源排名全国第29位，科研物质条件排名全国第30位❷。云南若不在解放思想上下真功夫，不在甘当"店小二"的服务理念上有突破，不在激励创新上出实招，云南的发展就没有希望。

高质量跨越式发展，围绕产业链部署创新链是关键。区域强需经济强，产业强则经济强，技术强才能产业强。无论是区域创新系统，还是企业创新系统，都最终以产业链为基本脉络，前者必须落实到具

---

❶❷ 中国科学技术发展战略研究院. 中国区域科技创新评价报告2019 [M]. 北京：科学技术文献出版社，2019：189.

体产业，后者需要上下游企业技术能力的配合。云南的科技创新之路，必须以产业链为主线构建创新系统，从渐进性创新走向根本性创新，加速技术系统变革，实现技术—经济范式变更。构建以产业链纵向技术关系为基础的"链合创新"路径，实现上下游产业间复杂的技术耦合。构建沿产业链的"竞合"创新路径，形成有利于竞争性企业相互合作、协同创新的"共生"环境❶。构建沿产业链各环节的产学研协同创新路径，实现产业技术链升级。构建与制造业协同发展的服务创新路径，促进生产性与消费性服务创新发展。构建向产业价值链高端整合的创新升级路径❷。

---

❶❷ 刘志迎. 以产业链为主线的中国自主创新道路选择［Z］. 三思派，2019.

第十一章　云南"十四五"科技创新规划目标与指标分析

规划的目标与指标，是规划的核心内容。通过分析国家与云南"十一五"以来的目标、指标变化情况，对比云南与各省（区、市）的指标设置与完成情况，厘清其发展脉络，对于云南"十四五"规划中目标与指标的分析设置有重要指导意义。

第一节　国家科技发展规划目标与指标的变化分析

自"十一五"以来，国家科技发展规划在《国家中长期科学和技术发展规划纲要（2006—2020年）》的框架内，保持着较为清晰的发展脉络和稳定的推进步调，但不同时期的目标与指标也在不断地进行调整和完善，从而显现出各自的特点。

一、"十一五"至"十三五"国家科技规划目标的变化

"十一五"期间，对军用技术及军民两用技术予以高位推进。"十一五"国家科技规划共设立了8个方面的目标，其中5个根据科技和经济社会发展的要求提出，3个为实现"进入创新型国家行列"奠定基础而提出。除指标涉及的内容外，强调了以下几点：①突破节能关键技术，为实现"单位国内生产总值能耗降低20%"的目标提供支撑；②增加农业科技含量，确保粮食综合生产能力达到年产5亿吨左右；③突破重大灾害和事故的防范及应急处理技术，为"单位国内生产总值生产安全事故死亡率下降35%"奠定技术基础；④每万名劳动

人口中从事R&D活动的科学家和工程师全时当量达到14人年。❶其中明确指出,要"适应国防现代化和应对非传统安全的新要求,提高国家安全保障能力。强化国家安全领域的关键技术创新,为提高应对非传统安全的能力提供支撑"。在"基本原则""重大专项(交通、材料)""创新体系建设部分""保障措施"等部分也都有军事领域的设计安排,这在之后的"十二五""十三五"科技规划中没有出现。

"十二五"期间,科技惠民、支撑经济被放到了更加重要的位置。"十二五"国家科技规划中共设立了7条目标,其中4条均在指标中有具体数值,其他3条分别强调的是科技惠民、创新基地建设和体制机制。科技惠民方面提出了公益领域科技水平整体提升、民生改善需求技术产品大力发展、科技支撑可持续发展和改善公共服务的能力显著增强的目标;在创新基地建设方面,提出经济、社会、科技发展所需创新基地布局更加合理,建设世界级研发机构和研究型大学,公共科技资源共享机制和服务体系日趋完善的目标;在体制机制方面,提出科技创新的体制机制不断完善、社会创新环境进一步优化的目标。

"十三五"期间,目标、指标的结合更加紧密,科技创新体制机制建设内涵更加丰富。"十三五"规划共设立了5个方面的目标,分别是:自主创新能力全面提升,科技创新支撑引领作用显著增强,创新型人才规模质量同步提升,有利于创新的体制机制更加成熟定型,创新创业生态更加优化。其中包含的所有目标值在指标中均有体现。与之前规划相比,"十三五"规划将"科技创新体制机制不断完善"的内容,分为"创新的体制机制更加成熟定型"和"创新创业生态更加优化"两个部分,内容更加丰富,内涵更加饱满。一方面,强调了技术创新体系要以企业为主体、市场为导向;另一方面,将"公民具备科学素质"指标由科技人才部分调整到了创新创业生态部分,并强调了知识产权的保护、科技与金融的结合、科学精神的弘扬等内容。

---

❶ 本节未特别标注的数据,来自国家中长期、"十一五""十二五""十三五"科技规划。

二、"十一五"至"十三五"国家科技规划指标的变化

（一）每个时代的科技发展存在其特殊性，不符合时代需求的规划指标将从指标体系中消失

"十一五"规划中的"对外技术依存度""科技人力资源总量""科技活动人员总量""从事R&D活动的科学家和工程师全时当量"四项指标在"十二五"规划指标设计中完全消失。

对外技术依存度，是一个技术贸易专业化系数，是衡量一个国家自主创新能力的重要数据，创新型国家的对外技术依存度通常在30%以下，《国家中长期科学和技术发展规划纲要（2006—2020年）》中明确要求，我国到2020年对外技术依存度降低到30%以下。但一些学者估计，我国在2020年达到这一指标还存在一定困难，"十一五"之后的国家科技规划也没有再提及这一指标。

其他三个关于科技人才方面指标的取消，主要归功于我国科技人才队伍的快速发展壮大，根据科技部编写的《中国科技人才发展报告（2014）》，2013年我国科技人力资源总量达7105万人，按全时当量统计R&D人员总量达353.3万人年，超过美国居世界第1位。❶ 至今我国一直都保持着世界第一科技人力资源大国的地位，科技人才体量已不再是制约我国科技发展的主要因素，所以不必再重点设计相应指标。

（二）每个时代的科技发展存在其连续性，不同的规划指标在新时期可以有新的展现方式

"十一五"规划中提及的"本国人发明专利年度授权量"，在"十二五"规划中被分化成了"每万人发明专利拥有量"和"研发人员的发明专利申请量"，不再单一强调我国发明专利数量的世界排名，而更加注重专利发明的人均数和研发人员的发明活力。

"十二五"规划中"研发人员的发明专利申请量""高技术产业

---

❶ 《中国科技人才发展报告（2014）》显示中国成第一科技人力资源大国［J］. 中国人才，2015（15）：60.

增加值占制造业增加值的比重"两个指标,在"十三五"规划中被替换为更符合新时期需求的"PCT专利申请量"和"高新技术企业营业收入"。一方面更为注重我国国际专利的申请量,引导加强国际知识产权的保护;另一方面不再关注高新技术企业增加值在制造业中的占比,而转为强调高新技术企业的营业收入这一更为全面和直观的指标。

(三)每个时代的科技发展存在其新生性,总会有新的指标用以描绘新时期的时代特色

"十二五"规划新增的指标有两个,即"全国技术市场合同交易总额"和"公民具备基本科学素质的比例"。技术市场是促进科技进步、科技创新创业、科技成果转化和高新技术产业化进程的重要力量,是计划和市场、科技和经济间的纽带。早在1992年,原国家计委、国家经委、国家科委、国防科工委、国家教委、中国科学院就联合发起筹建了中国技术市场协会。随着社会的进步,"全国技术市场合同交易总额"越来越能反映技术市场的活跃程度和科技与经济的结合程度。科学素质是公民素质的重要组成部分,公民具备基本科学素质一般指了解必要的科学技术知识,掌握基本的科学方法,树立科学思想,崇尚科学精神,并具有一定的应用科学处理实际问题、参与公共事务的能力。我国公民科学素质长期处于较低水平,与发达国家间存在很大差距,大幅提升公民科学素质,是建设创新型国家的重要保证。

"十三五"规划新增的指标有三个。"国家综合创新能力世界排名"是一个国家科技创新综合实力的集中体现,排名高低也可直接反映一个国家是否能被认为"创新型国家"。"知识密集型服务业增加值占国内生产总值的比例"这一指标在国家创新系统中发挥着重要作用,知识密集型服务业不仅具有高质量的特征,更是对其他行业尤其是制造业提质增效的重要支撑。像美国这样的发达国家,知识密集型服务业的比重已经达到70%以上。"规模以上工业企业研发经费支出与主营业务收入之比"这一指标是企业科技创新主体地位的重要体现,是企业是否具有创新意识或从事创新活动的重要指标。

（四）不同时代的科技发展存在其共通性，过往时期的规划指标在新时期可以保留

"十一五"至"十二五"时期，少量指标得以沿用。其中，"国际科学论文被引用次数世界排名"在"十一五"时期的目标值为世界前10，在"十二五"时期的目标值为全球第5。"高技术产业增加值占制造业增加值的比重"在"十一五"时期的目标值为18%，在"十二五"时期的目标值依然为18%。

"十二五"至"十三五"时期，大量指标得以沿用。其中，"国际科技论文被引次数世界排名"在"十二五"时期的目标值为第5位，实际完成值为第4位，在"十三五"时期的目标值为第2位。"每万人口发明专利拥有量"在"十二五"时期的目标值为3.3件，实际完成值为6.3件，在"十三五"时期的目标值为12件。"全国技术合同成交金额"在"十二五"时期的目标值为8000亿元，实际完成值为9835亿元，在"十三五"时期的目标值为2万亿元。"公民具备科学素质的比例"在"十二五"时期的目标值为5%，实际完成值为6.2%，在"十三五"时期的目标值为10%，这与发达国家还存在较大差距。

有三个指标，贯穿"十一五"至"十三五"时期，是经过大浪淘沙的核心指标。第一，"R&D经费投入强度"。在不同时期的名称变化很小。在"十一五"时期的目标值为2%，实际完成值为1.75%；在"十二五"时期的目标值为2.2%，实际完成值为2.1%；在"十三五"时期的目标值为2.5%。第二，"科技进步贡献率"。在"十一五"时期被称为"科技进步对经济增长的贡献率"，目标值为45%；在"十二五"时期，该指标被放入目标部分，目标值为55%，实际完成值为55.3%；在"十三五"时期，再一次调回指标板块，目标值为60%，但距离创新型国家基本特征70%的水平还有一定距离。第三，"每万名就业人员中研发人员"。在"十一五"时期被放在目标板块，称为"每万名劳动人口中从事R&D活动的科学家和工程师全时当量"，目标值为14人年；在"十二五"时期被调整为更加

科学的"每万名就业人员的研发人力投入",并加入指标体系,基准值达到33人年,目标值43人年,实际完成值为48.5人年;在"十三五"时期的目标值为60人年。

第二节 云南科技发展规划目标及指标的变化分析

"十一五"至"十三五"时期,云南科技发展规划指标与目标持续大幅变化和调整。就总体而言,是一个逐步由尝试各种不同切入点与强调自主性,趋向同国家设置保持高度一致的过程。

一、"十一五"至"十三五"云南省科技规划目标的变化

"十一五"期间,目标设计以产业领域进行划分。在"十一五"规划中,科技发展的总体目标是科技进步水平和区域创新能力达到国家中等、西部先进行列。共设立了工业企业创新能力明显提升、农业科技创新和转化能力显著提升、高新技术产业快速发展、社会发展领域的科技支撑能力明显增强、自主创新能力显著提高、全社会科技投入大幅增加6个方面的目标。除农业目标外,其余5个方面的目标均设有目标值,并设有年均增长率。

"十二五"期间,目标与指标混合展现,以科技工作重点进行划分。在"十一五"规划中,要求科技发展整体水平要与经济社会同步发展并超前部署,所有指标值均在目标板块加以体现,没有设立专门的指标表。目标内容大致可以分为科技进步水平进入全国中等水平、加大多渠道投资、自主创新能力大幅提升、自主创新能力和品牌建设、技术创新体系建设、人才引培6个部分。按照投入、平台、产出、主体建设、人才的方式进行分类。

"十三五"期间,目标设计趋于简洁,与指标体系有较好互补。"十三五"规划的目标设计体量大幅减少,总目标为争取区域创新能力达到全国中等、西部前列,进入创新型省份行列,与"十一五"时期的总目标基本一致。子目标分为三个方向:一是创新能力大幅提升;二是科技支撑引领作用显著增强;三是创新创业生态更加优化。

其中所涉及的所有目标值均在指标中有所体现,在创新创业生态建设方面,首次提出要加强知识产权保护,要加强人才、资本、技术、知识的流动,并重新开始提出要注重公民科学文化素质的提高。

二、"十一五"至"十三五"云南省科技规划指标的变化

(一)"十一五"与"十二五"时期指标设置有着极强的自主性和地方特色

"十一五"规划共设立了13个指标,除"全社会科技投入占全省GDP比重"外,其余12个指标均与国家同期指标不同,分别是全社会R&D经费支出占全省GDP比重,全省财政科技拨款占财政支出比重,企业R&D经费支出占全社会R&D经费支出比重,在国内外有影响的创新型企业,高新技术工业增加值占全省工业增加值比重,高新技术产品出口额占全省出口总额的比重,年销售收入过亿的高新技术企业,公众科学素养达标率,全省重点实验室、工程技术研究中心总数,国家、省、州(市)级企业技术开发机构,省级科技创新团队,省级中青年学术技术带头人和技术创新人才。这是当时的一种尝试,并较早引入了科学素质的概念。

"十二五"时期,"十一五"规划指标继续沿用。其中,"全社会R&D经费支出占全省GDP比重",两个五年计划的数值没有发生变化,保持为1.5%;"高新技术工业增加值占全省工业增加值比重",数值由18%下调至10%;"全省重点实验室、工程技术研究中心总数",数值由35个上调至150个。❶"省级中青年学术技术带头人和技术创新人才",指标值设计由500名提升为700名。

对一批指标进行了调整。"在国内外有影响的创新型企业"微调为"省级创新型企业",数值由60~80家提高为200家。"国家、省、州(市)级企业技术开发机构"微调为"省级企业技术中心",数值由100家上调至300家。"省级科技创新团队"微调为"省创新团

---

❶ 本节数据,来自云南省"十一五""十二五""十三五"科技规划。

队"，数值由10个上调至50个。还有两项指标进行了较大幅度的调整，"企业R&D经费支出占全社会R&D经费支出比重"调整为"企业R&D投入占销售收入的比重"，更能反映企业科研投入的积极性。"年销售收入过亿的高新技术企业100家"调整为"全省高企达600家""争取培养上市高企20~30家"，更能反映新时期云南高新技术企业的整体实力。剩余4项"十一五"时期指标，由于不符合新时期需求而被删除。

在"十二五"规划中，新增了一大批关于平台和人才的目标值。平台方面包括建成国家实验室、国家级重点实验室、国家级工程技术研究中心、国家级工程实验室和研究中心、国家级企业技术中心、国家地方联合工程实验室、国家高新技术产业化基地、国家级科技企业孵化器、国家国合基地、科技兴贸创新基地及一系列其他省级基地平台。人才方面包括引进高端科技人才、培养技术创新人才和高层次创业人才。虽然目标值很琐碎，但是也很具体，表明了云南"十二五"期间对于平台、人才这两个科技发展重要抓手和核心力量的高度重视。

（二）"十三五"时期指标设置开始与国家保持高度一致

"十三五"规划的指标较"十一五"和"十二五"进行了较大调整，开始与国家指标保持较高的一致性，在设立的11个指标中，有8个指标与国家"十三五"规划完全一致。其中，"科技进步贡献率"，"十二五"完成值为44.05%，"十三五"目标值为60%，与国家一致。"研究与试验发展经费投入强度"，"十二五"完成值为0.8%，"十三五"目标值为2.5%，与国家一致。"规模以上工业企业研发经费支出占主营业务收入的比例"，"十二五"完成值为0.63%，"十三五"目标值为1%，国家目标为1.1%，二者十分接近。"每万名就业人员中研发人员"，"十二五"完成值为13.14人年，"十三五"目标值为25人年，国家目标为60人年，远低于国家水平。"每万人口发明专利拥有量"，"十二五"完成值为1.61件，"十三五"目标值为3.5件，国家目标为12件，远低于国家水平。"技术合同成交金额"，"十二五"完成值为52.82亿元，"十三五"目标值为

120亿元,国家目标为2万亿元,远低于国家水平。"知识密集型服务业增加值占国内生产总值比例","十二五"完成值为12.46%,"十三五"目标值为15%,国家目标为20%,低于国家水平。"公民具备科学素质的比例","十二五"完成值为3.29%,"十三五"目标值为8%,国家目标为10%,远低于国家水平。

"十三五"时期没有采用的国家指标有4个。"国家综合创新能力世界排名""国际科技论文被引次数世界排名"不能为地区所使用。"PCT专利申请量",云南没有设置。"高新技术企业营业收入",云南根据自身实际,调整为"高技术产品出口额占商品出口额比重"和"累计认定高新技术企业数量"。"高技术产品出口额占商品出口额比重"的指标值与"十一五"时期的设置一致,可见云南高技术产品及其出口发展缓慢。"累计认定高新技术企业数量"在"十二五"目标600家的基础上,超额完成至918家,"十三五"期间计划达到1500家以上,体现了云南高企数量的长期较快增长,并对未来发展情况有着良好预期。

第三节 云南与相关省(区、市)科技发展规划目标指标的比较分析

"十三五"时期,全国各省(区、市)科技规划大部分与国家规划的目标及指标设置具有较高的一致性,因此也具有较高的可比性,尤其是通过指标值设置的差异,可以在一定程度上看出各地区科技发展的水平和对未来科技发展的预期,也能看出云南在其中所处的地位。

一、云南省科技创新规划目标与国家及各省(区、市)比较

(一)各省(区、市)科技发展规划目标分析

经过对全国各省(区、市)"十一五"以来的科技发展规划目标进行梳理,得出主要结论如下:

一是自主创新能力建设日趋重要。自"十一五"规划始，广东、浙江、山东等省份均将建设创新型省份确立为规划目标，重庆、湖北等省份也明确提出要加强自主创新。而先进制造业技术、节能减排技术、新型产业技术等则成为诸多省份的共同选择。

二是产学研相结合成为科技创新发展的有效方式。各省（区、市）在规划中，日益强调产学研相结合的模式。而企业作为创新主体的地位也在不断加强，高校、院所的研究也在逐步与企业需求、市场需求相结合，而不单单是"象牙塔"里的摆设。

三是科技规划目标与本地区发展目标紧密结合。各省（区、市）在科技规划中所设立的目标，都在与本地区经济社会发展的大目标相结合，如安徽是为了支撑"三个强省"建设，北京是在支撑京津冀协调创新共同体建设等。

四是区域创新发展水平差异明显。从各省（区、市）规划目标的设计可以看出，区域自主创新能力和经济发展水平密切相关，经济发达省份有很强的"底气"要发展成为我国乃至全球科技创新的"领头羊"，如广东提出要打造"国家科技产业创新中心"，上海则是要建设"具有全球影响力的科技创新中心"，而经济相对落后的省份则处于"跟跑"的位置。

（二）云南省科技创新规划目标的特点

与国家目标相比。国家"十三五"科技创新规划目标重点关注国家科技实力和自主创新能力、科技创新对经济的支撑引领作用、创新型人才规模质量、体制机制、创新创业生态。云南省的目标虽总体上与国家目标一致，但具体要求上不够明晰，如创新能力进入西部前列这一目标就略显模糊。

与中部地区相比。相同点在于都明确提出了建设创新型省份的目标。不同之处在于有些中部地区基于自身优势提出了特色化的区域创新体系建设目标，如山西、江西、安徽等；湖南提出了建设科技强省、湖北提出了进入创新能力全国前八的目标。云南没有根据自身生物多样性等的特色优势，提出基于生物或生态特点的创新体系建设目标。

与西部地区相比。云南提出了创新能力进入西部前列的目标,四川省提出建成国家创新驱动发展先行省、创新能力总体达到全国先进水平的目标,重庆市提出初步建成西部创新中心,陕西省提出更多领域的创新发展进入全国第一方阵。云南进入西部前列的目标,在实现上存在较大压力。

二、云南省科技创新规划指标与国家及各省(区、市)比较

自《国家中长期科学和技术发展规划纲要(2006—2020年)》实施以来,全国各省(区、市)陆续实施了三个五年科技规划及各种配套政策,区域性科技创新发展正呈现出特色化、差异化特点。为了更直观地发现云南省科技规划指标设计和运行的特点,研究人员结合《云南省"十三五"科技创新规划》,以及上文梳理和分析的各省(区、市)目标与指标情况,选取九个相对比较典型且具有区域共性的指标,比较国家及其他省(区、市)的这九个指标的差异。例如,多数省(区、市)都设置了科技进步贡献率、研究与试验发展(R&D)经费投入强度等目标指标。少数省(区、市)(如云南、北京)设置了知识密集型服务业增加值占地区生产总值比重、规模以上工业企业研发经费支出与主营业务收入之比,高新技术产品出口额占全省出口总额的比重。具体遴选指标见表11-1。

表11-1 各省(区、市)共性指标

序号	发展指标
1	科技进步贡献率(%)
2	研究与试验发展(R&D)经费投入强度(%)
3	每万人口发明专利拥有量(件)
4	每万名就业人员中研发人员(人/年)
5	知识密集型服务业增加值占地区生产总值比重(%)
6	高新技术产品出口额占全省出口总额的比重(%)
7	规模以上工业企业研发经费支出与主营业务收入之比(%)
8	技术合同成交金额(亿元)

（一）科技进步贡献率

国家"十三五"科技发展规划提出了科技进步贡献率60%的目标，从各区域来看，天津、浙江、江苏确定的科技进步率目标较高，分别为70%、65%、65%，其余地区大多为60%和55%，而重庆、贵州、西藏则相对偏低。[1] 上述指标数值的分布态势，反映出各省（区、市）科技贡献率这一指标分布较为均衡，与国家层面的"十三五"科技发展规划提出的发展目标基本一致。具体数值如图11-1所示。

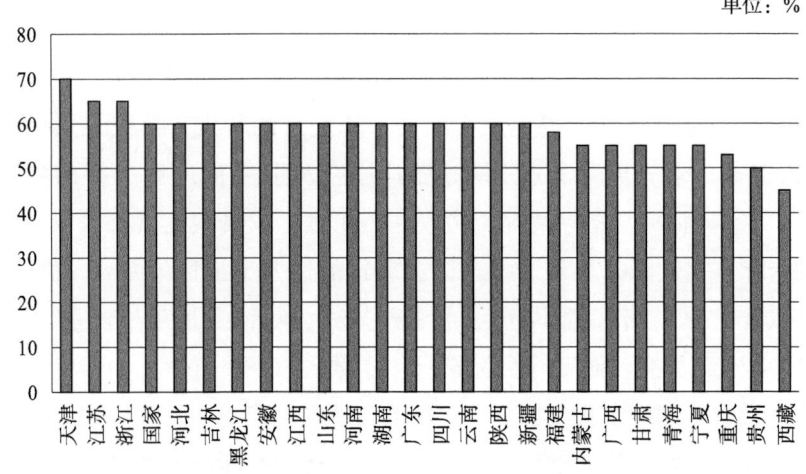

图11-1 国家及相关省（区、市）科技进步贡献率

数据来源：国家及相关省（区、市）"十三五"科技规划。

（二）研究与试验发展（R&D）经费投入强度

"十三五"规划中，北京市制定的R&D经费投入强度目标最高，为6%，其次是上海市（4%）、天津市（3.5%）。江苏、浙江、广东、山东、陕西等地区高于国家规划目标数值（2.5%），河北、安徽、河南、湖南、山西、辽宁、湖北等地区与国家规划目标数值一致，处于中游水平。上述R&D经费投入强度分布态势，反映

---

[1] 本节数据，来自国家及各相关省（区、市）"十三五"科技规划。

出越是科技发展水平高、科技创新基础性好、科技活动活力大的地区，其R&D经费投入强度预期也就越高，这也说明云南省科技投入总量预期与全国科技创新活跃地区仍存在较大差距，要实现"全省科技发展总体水平达到全国中等水平、西部前列"的科技创新发展目标，仍然需要进一步全面加强研发经费投入强度。具体数值如图11-2所示。

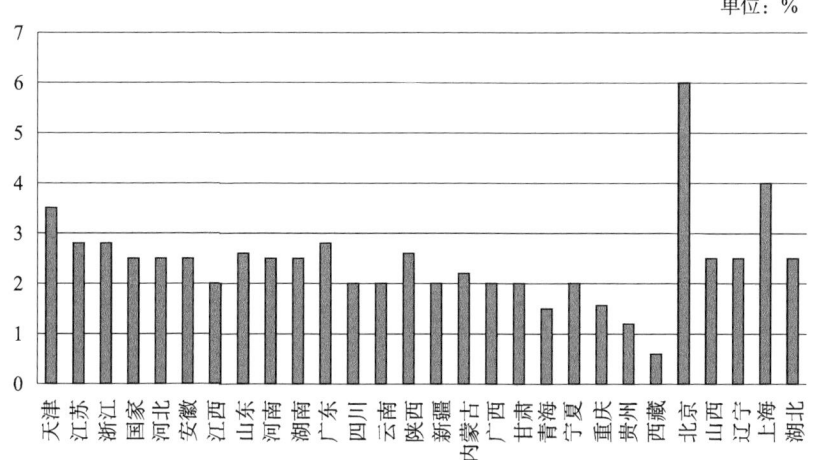

图11-2 国家及相关省（区、市）研究与试验发展经费投入强度

数据来源：国家及相关省（区、市）"十三五"科技规划。

（三）每万人口发明专利拥有量

每万人口发明专利拥有量（件）的目标数值与地区科技资源占有量显著相关。北京市制定的每万人口发明专利拥有量目标遥遥领先，高达80件，是第二名上海市的两倍。广东、天津、浙江、山东等地区目标数值设置高于国家规划水平（12件），云南省该目标数值设置远低于国家规划水平，仅为3.5件，在西部地区低于陕西、四川和重庆。从全国范围来看，京津地区、长三角、珠三角及山东等东部沿海地区该指标数量远高于西部地区。具体数值如图11-3所示。

（四）每万名就业人员中研发人员

各省（区、市）每万名就业人员中研发人员数值分布呈现两极分化，天津市、浙江省每万名就业人员中研发人员数值较高，达到了百人以上，而山西、吉林、贵州、宁夏等地区只有不到 10 人。云南省该目标数值设置处于中下游水平，在西部地区中低于内蒙古（48 人/年）、重庆（36 人/年）、甘肃（35 人/年）和四川（32 人/年），说明云南还需要更加注重人才引进和培养。具体数值如图 11-4 所示。

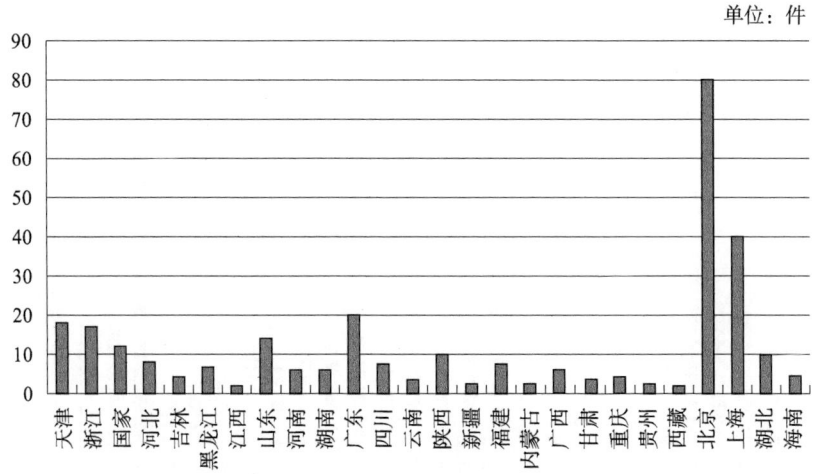

图 11-3　国家及相关省（区、市）每万人口发明专利拥有量

数据来源：国家及相关省（区、市）"十三五"科技规划。

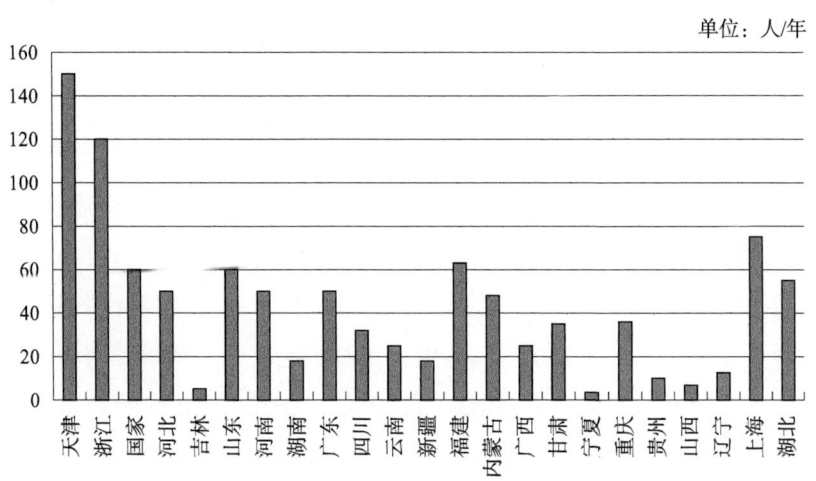

图 11-4　国家及相关省（区、市）每万名就业人员中研发人员

数据来源：国家及相关省（区、市）"十三五"科技规划。

(五) 知识密集型服务业增加值占地区生产总值比重

"知识密集型服务业增加值占地区生产总值比重"是国家"十三五"科技发展规划中新加入的发展目标。目前只有上海、广东、内蒙古、重庆、浙江、云南、陕西7个地区在最新的五年规划中有所设置。知识密集型服务业主要指的是为知识的生产、储存、使用和扩散服务的行业。近几年,知识发现、知识服务、智库建设等领域迅速发展,成为支撑地区科技创新发展的重要软实力。上海市知识密集型服务业增加值占地区生产总值比重最高,达到37%,超过了国家的数值20%。云南省该目标数值为15%,高于陕西省(12%)。具体数值如图11-5所示。

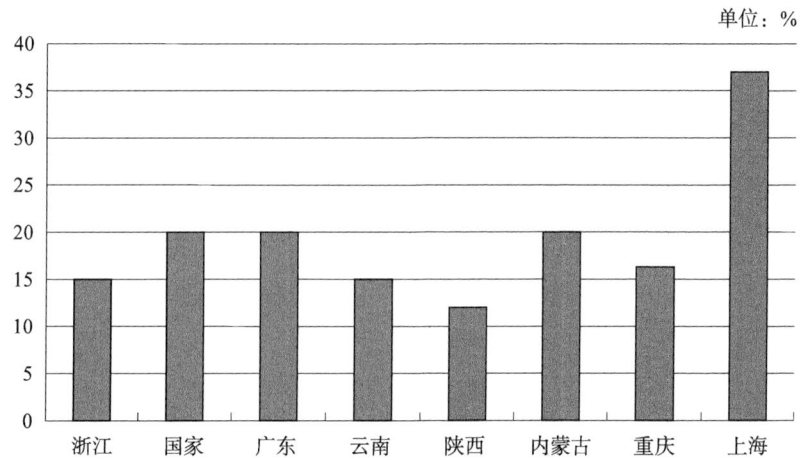

图11-5 国家及相关省(区、市)知识密集型服务业增加值占地区生产总值比重

数据来源:国家及相关省(区、市)"十三五"科技规划。

(六) 高新技术产品出口额占全省出口总额的比重

北京、广东和云南三个省市设置了"高新技术产品出口额占全省出口总额的比重"这一指标。该指标在"十二五""十一五"中省(区、市)覆盖率较多,但是"十三五"期间,许多省(区、市)以"高新技术产业增加值占工业增加值的比重"作为替代指标。从数值来看,广东省高新技术产品出口额的比重超过云南省及北京市,北京市作为我国政治文化中心,其高新技术产品出口额占全市的比重为28%,而云南省的比重设置超过了北京市。具体数值如图11-6所示。

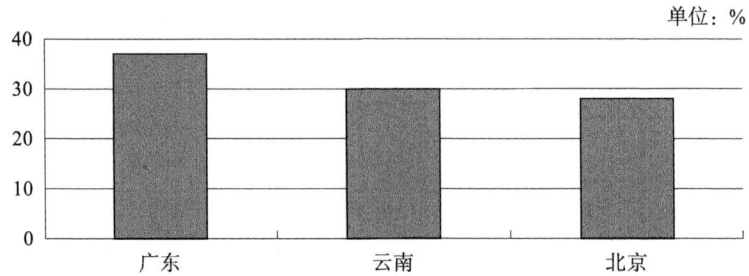

图 11-6　北、广、滇高新技术产品出口额占全省出口总额的比重

数据来源：相关省（市、区）"十三五"科技规划。

（七）规模以上工业企业研发经费支出与主营业务收入之比

规模以上工业企业研发经费支出与主营业务收入之比都在 1.1% 左右，发展相对平衡，北京市稍高，为 1.3%，内蒙古较低，为 0.85%。云南省规划数值与大多数省（区、市）持平，为 1.0%。具体数值如图 11-7 所示。

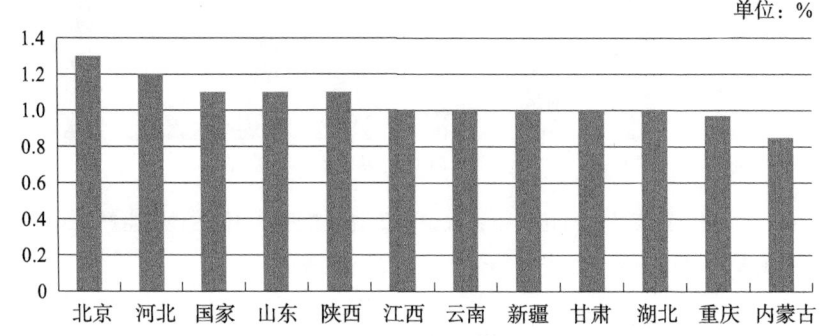

图 11-7　国家及相关省（区、市）规模以上工业企业研发经费支出与主营业务收入之比

数据来源：国家及相关省（区、市）"十三五"科技规划。

（八）技术合同成交金额

《"十三五"国家科技创新规划》提出，到 2020 年全国技术合同成交金额达 2 万亿元。从图 11-8 来看，北京市技术合同成交金额最高，达 2000 亿元，占全国规划数值的 10%。云南省该规划数值仅占全国规划数值的0.6%,为120亿元,与陕西(1000亿元)、四川(400亿元)、内蒙古(300亿元)、重庆(241.5亿元)、甘肃(200亿元)存在较大差距。这反映出云南省技术合同成交金额与其他技术合同成交金额较高地区仍存在较大差距,仍然需要进一步全面提升技术合同成交金额。

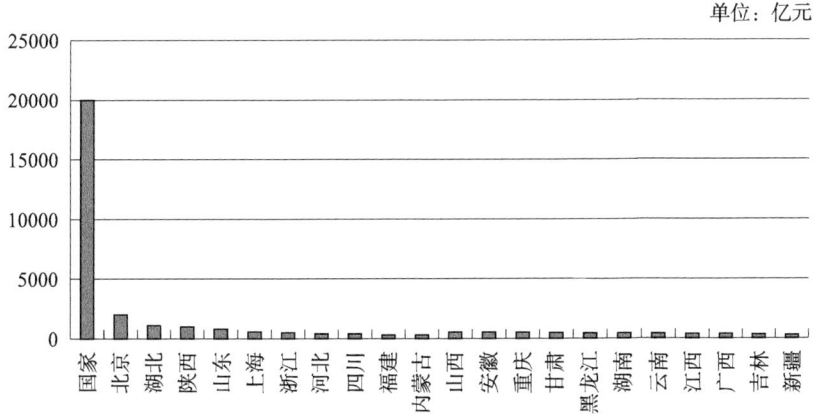

图11-8 各省(区、市)技术合同成交金额

数据来源:国家及相关省(区、市)"十三五"科技规划。

三、西部地区发展指标比较分析

全国范围内各地区的经济发展不平衡,从西部地区共有的指标设置来看,西部地区科技创新事业既有共性也各具特色,主要表现在科技投入、科技人才、科技产出三大主要方面。

从规划文本的角度来看,云南省按照《"十三五"国家科技创新规划》制定了符合云南省自身实际的"十三五"科技发展规划。云南省科技进步贡献率、研究与试验发展(R&D)经费投入强度、规模以上工业企业研发经费支出与主营业务收入之比、技术合同成交金额、公民具备科学素质的比例等指标数值基本达到国家平均值,而每万人口发明专利拥有量、每万名就业人员中研发人员的指标值则相对较低。高新技术企业数量指标位列西部第三,具体数值如图11-9所示。

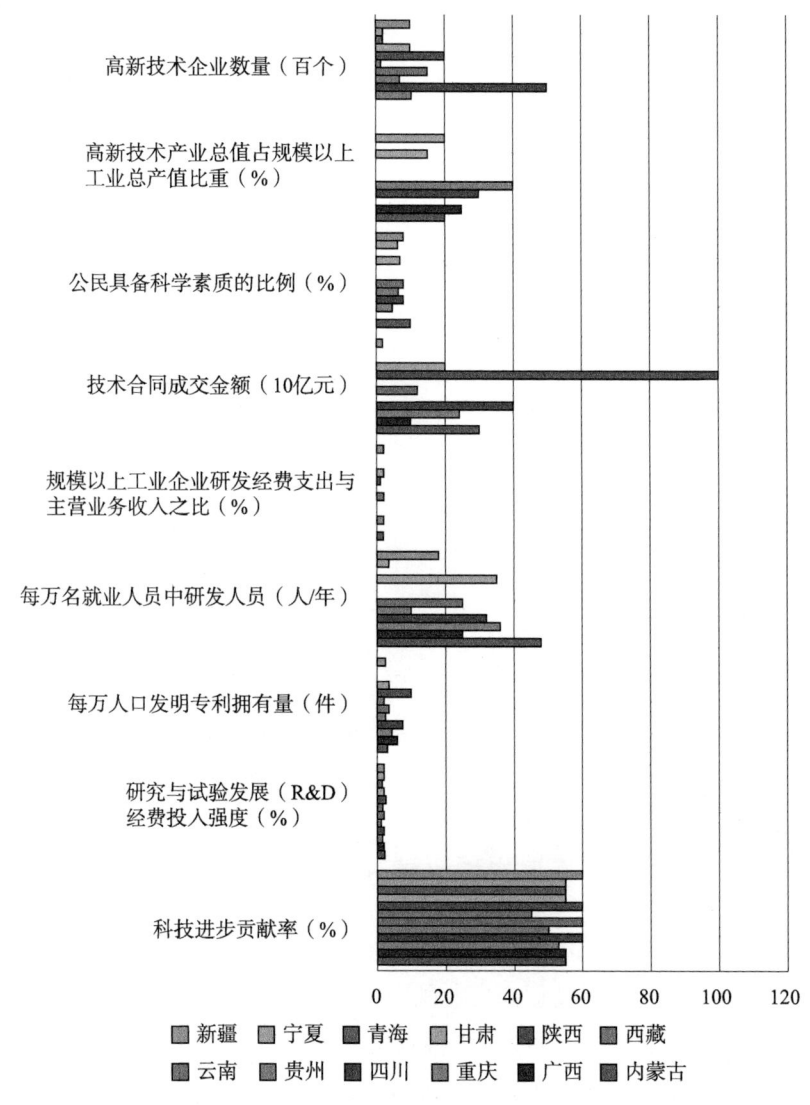

图 11-9 西部地区规划指标对比分析

数据来源：相关省（区、市）"十三五"科技规划。

在西部地区各省（区、市）的横向对比中，各省（区、市）的规划设计值（如科技进步贡献率、研究与试验发展（R&D）经费投入强度、规模以上工业企业研发经费支出与主营业务收入之比、公民具备科学素质的比例等）基本趋于一致，尤其是科技进步贡献率和R&D经费投入强度等指标的设计值基本达到全国发展均值，而公民具备科学素质的比例则较落后于其他地区。每万名就业人员中研发人员、技术合同成交金额、高新技术企业数量各省（区、市）目标值之间差异较大。图11-9中较为突出的指标值是四川的高新技术企业数量，多达5000家；陕西的技术合同成交金额达1000亿元，远远高于西部其他省（区、市）。对于云南来说，其指标整体数值处于西部地区上等水平，规模以上工业企业研发经费支出与主营业务收入之比和技术合同成交金额两个指标表现不尽如人意，并且未设置符合自身发展的特色指标。

西部地区部分省（区、市）在"十三五"规划中涌现了几个特色指标，所谓特色指标指的是各省（区、市）按照自身实际情况制定的具有明显区域特点的指标，见表11-2。

表11-2 西部地区特色发展指标

序号	指标	地区
1	科技进步对农牧业发展贡献率（%）	西藏
2	农作物耕种收综合机械化水平（%）	广西
3	战略性新兴产业增加值占规模以上工业增加值的比重（%）	重庆、广西、内蒙古、贵州
4	每万人科技论文数（篇）	西藏、贵州、陕西
5	科技型"双创"主体数量（家）	贵州、宁夏、青海、陕西

农牧业是西藏国民经济的重要组成部分，故在其规划中提到了科技进步对农牧业发展的贡献率。广西为推动农业经济发展水平不断提高，专门设置了"农作物耕种收综合机械化水平"指标。战略性新兴产业是指建立在重大前沿科技突破基础上，对经济社会全局和长远发展具有重大引领带动作用，知识技术密集、物质资源消耗少、成长潜力大、综合效益好的产业，体现当今世界知识经济、循环经济、低碳经济发展潮流，包括新一代信息技术产业、高端装备制造产业、新材料产业、生物产业、新能源产业、节能环保产业、数字创意产业、相关服务业等领域。该产业尚处于成长初期，未来发展潜力巨大。若各省（区、市）直接以论文总量论可能有失偏颇，若按照人数取均值则能一定程度上反映该地区的学术发展水平。"双创"指标的设置，反映出相关省（区、市）通过政策手段引导和推动"大众创业、万众创新"的政策创新探索。

四、云南省科技发展与国家及各省（区、市）的统计数据比较

基于国家科技统计年鉴中 31 个省（区、市）科技指标年度客观数据，横向对比分析，呈现"十一五"以来，特别是 2018 年云南省与各省（区、市）科技创新发展水平的高低。

（一）R&D 人员全时当量

R&D 人员全时当量是指按工作量折合计算的 R&D 人员，包括企业、科研机构、高等学校的 R&D 人员，是全社会各种创新主体的 R&D 人力投入，反映了科技创新人力资源的体量规模和活跃程度。由图 11-10 可见，2018 年北京、上海、江苏、浙江、广东等先进省市 R&D 人员全时当量显著高于全国平均水平（141337 人年）。云南在西部地区中，排名落后于四川、陕西、重庆，属于中上水平。由图 11-11 可见，包括云南在内的大部分省市 R&D 人员全时当量呈现逐年上升的趋势，其中广东、浙江、江苏增幅最大。

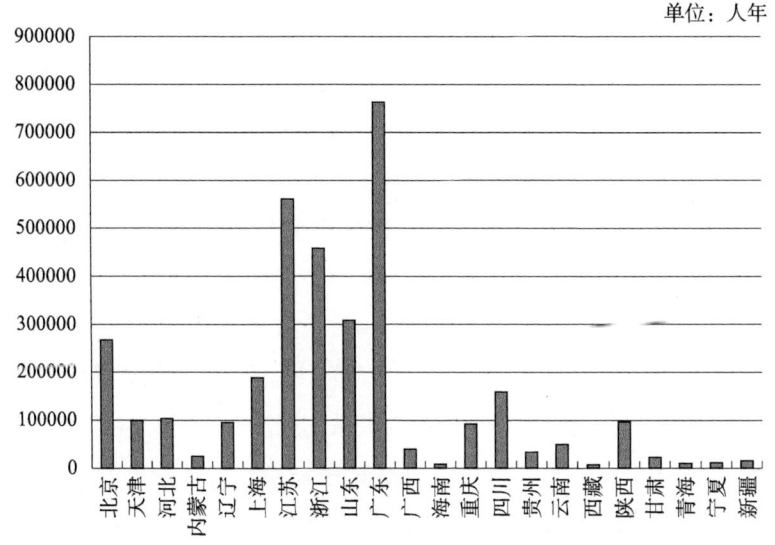

图 11-10　相关省（区、市）2018 年 R&D 人员全时当量

数据来源：国家统计局社会科技和文化产业统计司，科学技术部战略规划司. 中国科技统计年鉴 2019 [M]. 北京：中国统计出版社，2019.

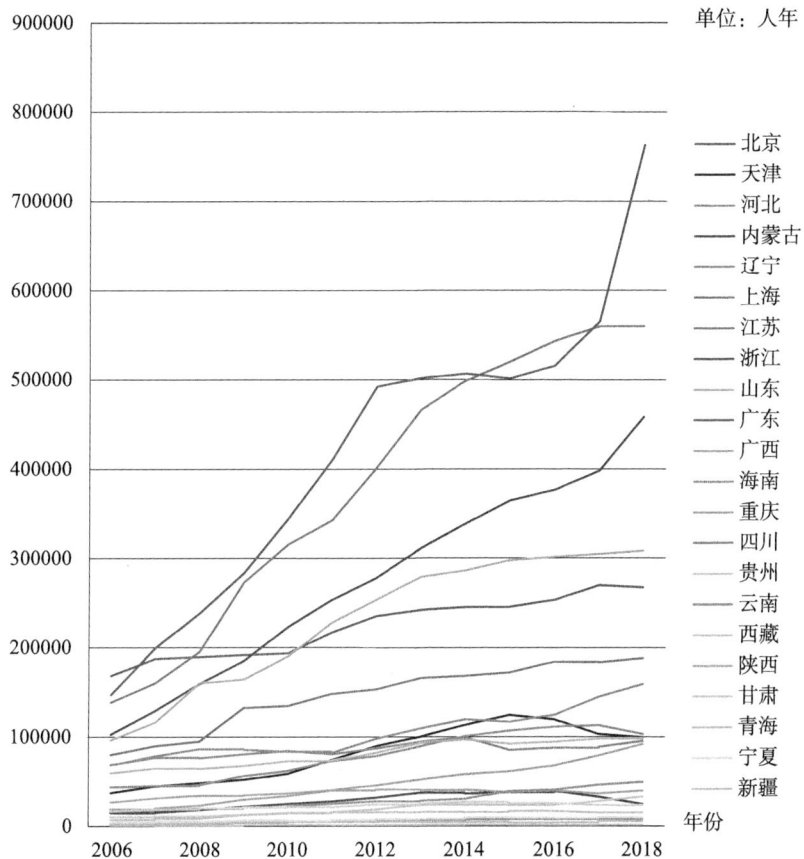

图 11-11　云南及相关省（区、市）R&D 人员全时当量年度趋势

数据来源：《中国科技统计年鉴》（2007—2019 年）。

（二）R&D 经费投入强度

2018 年，全国 R&D 经费投入强度为 2.14%，由图 11-12 可见，北京、天津、上海、江苏、浙江、安徽、山东、广东、陕西 9 省市投入强度超过全国平均值。云南 R&D 经费投入强度仅为 1.05%，处于国内中下水平。在西部地区中，云南投入强度也低于重庆、四川、陕西、甘肃、宁夏，处于中等水平。由图 11-13 可见，云南省在 2006—2018 年，R&D 经费投入强度稳步增长，从 2006 年的 0.52% 增长至 2018 年的 1.05%。与全国平均水平相比，云南尚落后于全国平均 R&D 经费投入强度，差值为 1% 左右。

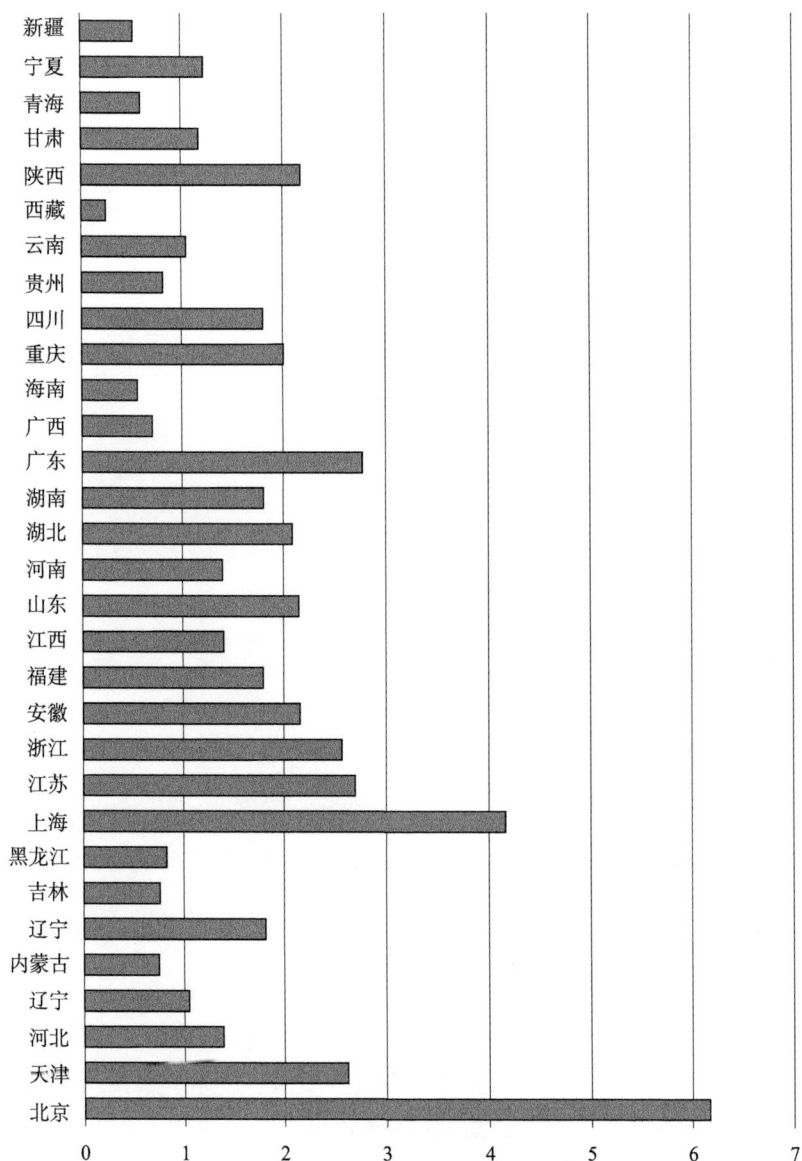

图 11-12　各省（区、市）2018 年 R&D 经费投入强度

数据来源：国家统计局社会科技和文化产业统计司，科学技术部战略规划司. 中国科技统计年鉴 2019 [M]. 北京：中国统计出版社，2019.

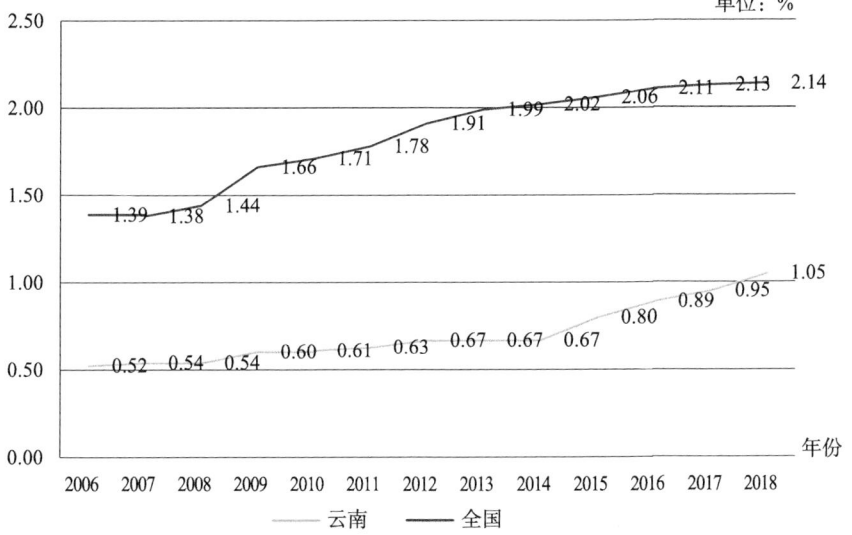

图 11-13　2006—2018 年云南省 R&D 经费投入强度变化以及与全国均值的比较

数据来源：《中国科技统计年鉴》（2007—2019 年）。

（三）每万人口发明专利拥有量

整体来看，2018 年每万人口发明专利拥有量的两极分化现象较为严重，由图 11-14 可见，北京市每万人口发明专利拥有量稳居全国第一，遥遥领先于其他各省（区、市）。江苏、广东、天津、上海、浙江等地均达到 20 件以上，高于国家规划目标（12 件）。云南省该指标仅为 2.5 件，远低于全国均值，在西部地区中低于陕西、重庆、四川、广西、宁夏、贵州、甘肃 7 省（区、市），处于中下水平。

（四）技术合同输出地域合同金额

就技术合同输出地域合同金额来看，如图 11-15 所示，北京、上海、广东等发达省市技术合同金额均远高于全国平均水平，其中北京最为明显，接近平均值的 9 倍。而云南则远低于全国平均水平，就西部地区而言，云南也低于重庆、四川、陕西等省市，处于中下水平。

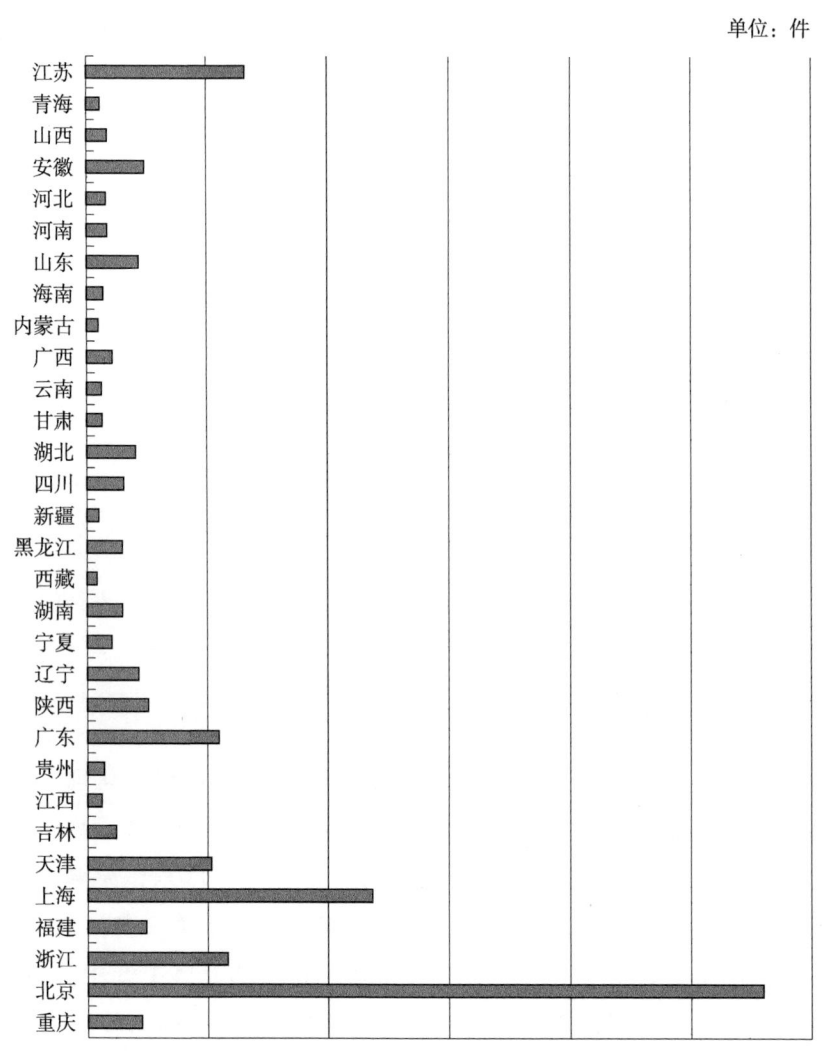

图 11-14　全国各省（区、市）2018 年每万人口发明专利拥有量

数据来源：自行测算，基础数值来自国家统计局社会科技和文化产业统计司，科学技术部战略规划司.中国科技统计年鉴 2019［M］.北京：中国统计出版社，2019；国家统计局.中国统计年鉴 2019［M］.北京：中国统计出版社，2019.

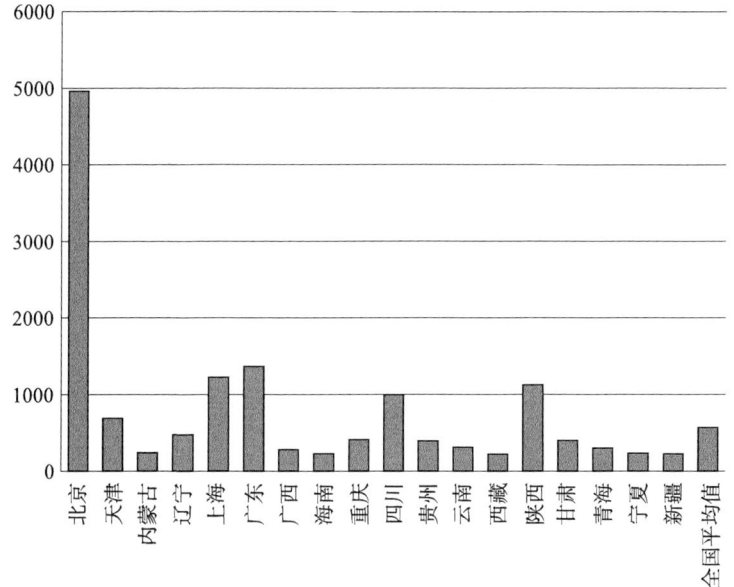

图 11-15 各相关省（区、市）2018 年技术合同输出地域合同金额

数据来源：国家统计局社会科技和文化产业统计司，科学技术部战略规划司. 中国科技统计年鉴 2019 [M]. 北京：中国统计出版社，2019.

（五）规模以上工业企业 R&D 经费内部支出

2018 年，全国规模以上工业企业 R&D 经费内部支出总计 1.30 万亿元，31 个省（区、市）平均值为 417.90 亿元。由图 11-16 可见，上海、广东等发达省市，其规模以上工业企业 R&D 经费内部支出高于全国平均水平，其余相关省份均低于平均水平。云南约为全国平均水平的 25%，就西部地区而言，低于重庆、四川、陕西，位列第 4，处于中上水平。由图 11-17 可见，各省（区、市）规模以上工业企业 R&D 经费内部支出在 2009 年均出现了较大的衰退迹象，反映出 2008 年金融危机对当时国内的科技创新产生较强冲击。之后，广东省增幅尤为突出，云南也保持了稳定增长，在西部地区中排名中游。但纵观全国，云南仍然处于下游，且与上游差距较大。

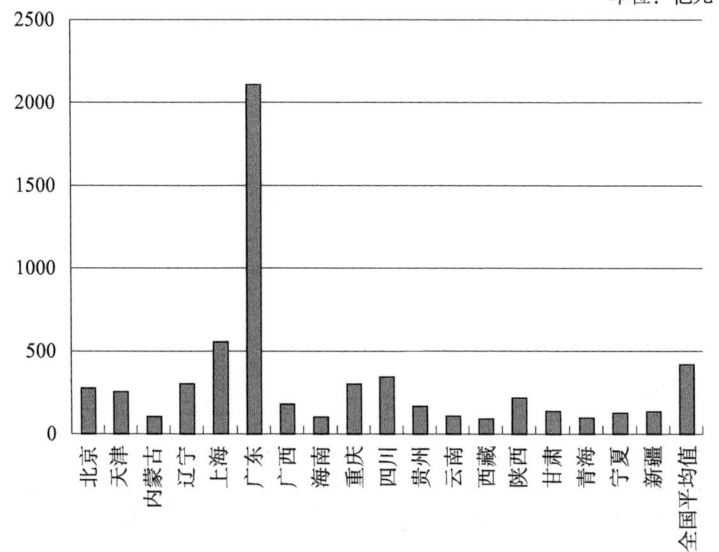

图 11-16 相关省（区、市）2018 年规模以上工业企业 R&D 经费内部支出

数据来源：国家统计局社会科技和文化产业统计司，科学技术部战略规划司. 中国科技统计年鉴 2019 [M]. 北京：中国统计出版社，2019.

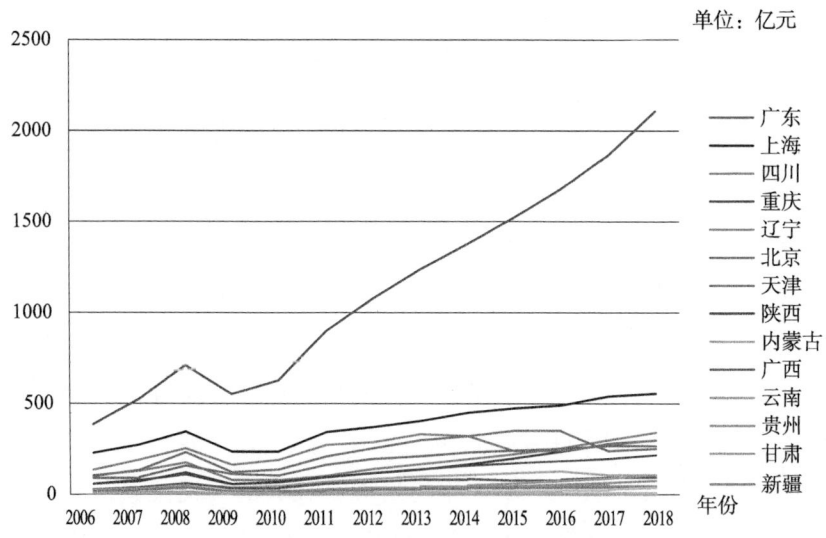

图 11-17 2006—2018 年云南与各相关省（区、市）规模以上工业企业 R&D 经费内部支出比较

数据来源：《中国科技统计年鉴》（2007—2019 年）。

（六）高技术产品进出口贸易额

2018年，全国高技术产品进出口贸易额约1.42万亿美元，31个省（区、市）平均值为454.38亿美元。由图11-18可见，上海、广东等发达省市高技术产品进出口贸易额远高于全国平均水平，其中广东已达到全国平均值的10倍以上。而云南则不足全国平均水平的10%，在西部地区，低于重庆、四川、陕西，处于中等水平。

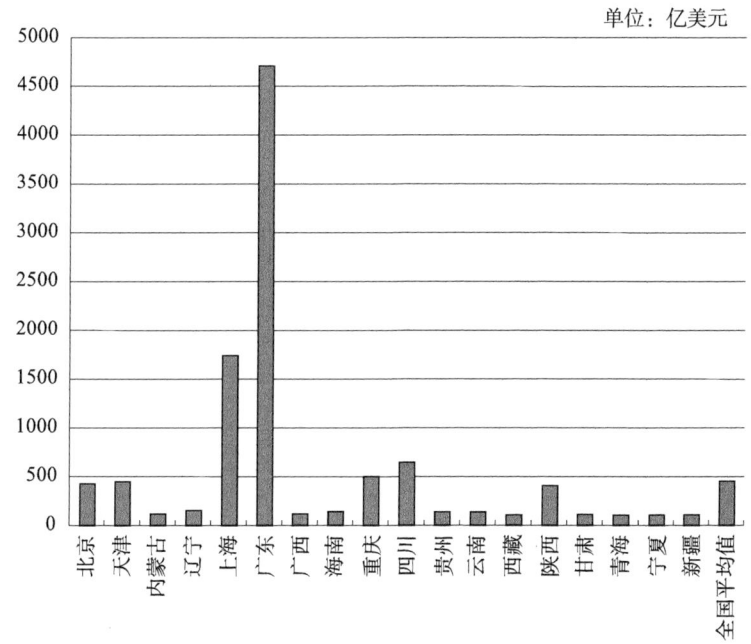

图11-18 相关省（区、市）2018年高技术产品进出口贸易额

数据来源：国家统计局社会科技和文化产业统计司，科学技术部战略规划司．中国科技统计年鉴2019［M］．北京：中国统计出版社，2019．

五、各省（区、市）科技创新指标目标值与实际统计值耦合比较分析

因各省（区、市）科技规划的指标设计存在差异性，且一些规划指标与国家科技统计年鉴中的指标不一致，又考虑到多数省份规划指标实际完成值的数据并不公开，故这里只选取了研究与试验发展（R&D）经费投入强度（%）、每万人口发明专利拥有量2项指标进

行耦合比较分析。超额完成率公式为：（实际值－"十三五"规划目标值）／"十三五"规划目标值。

（一）耦合比较1：研究与试验发展（R&D）经费投入强度

如表11-3所示，重庆、上海、北京三市在2018年的R&D经费投入强度超过了"十三五"规划的目标值。重庆超额完成率最高，达28.0%，上海、北京超额完成率分别是4.0%、2.8%。广东、江苏、浙江、四川、福建尚未达到"十三五"规划R&D经费投入强度的目标值，但是其超额完成率数值高于国家平均水平。云南省2018年R&D经费投入强度为1.05%，据了解，这是历史上首次突破1%大关。与2017年相比，云南省R&D经费投入强度提高0.09个百分点，排全国第14位；R&D经费投入强度增幅达9.38%，比全国平均水平高7.52个百分点，排全国第6位，但与"十三五"设定的目标值还有很大差距。

表11-3 国家及各省（区、市）截至2018年R&D经费投入强度完成情况

序号	地区	"十三五"规划目标值（%）	2018年实际值（%）	耦合值（超额完成率）
1	国家	2.5	2.14	-14.4%
2	重庆	1.57	2.01	28.0%
3	上海	4	4.16	4.0%
4	北京	6	6.17	2.8%
5	广东	2.8	2.78	-0.7%
6	江苏	2.8	2.7	-3.6%
7	浙江	2.8	2.57	-8.2%
8	四川	2	1.81	-9.5%
9	福建	2	1.8	-10.0%
10	安徽	2.5	2.16	-13.6%
11	陕西	2.6	2.18	-16.2%
12	湖北	2.5	2.09	-16.4%
13	山东	2.6	2.15	-17.3%
14	天津	3.5	2.62	-25.1%
15	辽宁	2.5	1.82	-27.2%

续表

序号	地区	"十三五"规划目标值(%)	2018年实际值(%)	耦合值(超额完成率)
16	湖南	2.5	1.81	-27.6%
17	江西	2	1.41	-29.5%
18	贵州	1.2	0.82	-31.7%
19	宁夏	2	1.23	-38.5%
20	甘肃	2	1.18	-41.0%
21	河南	2.5	1.4	-44.0%
22	河北	2.5	1.39	-44.4%
23	云南	2	1.05	-47.5%
24	吉林	1.5	0.76	-49.3%
25	山西	2.5	1.05	-58.0%
26	西藏	0.6	0.25	-58.3%
27	青海	1.5	0.6	-60.0%
28	海南	1.5	0.56	-62.7%
29	广西	2	0.71	-64.5%
30	内蒙古	2.2	0.75	-65.9%
31	新疆	2	0.53	-73.5%
32	黑龙江	2	0.83	-58.5%

数据来源：规划目标值来自国家及各省（区、市）"十三五"科技创新规划；2018年实际值来自国家统计局社会科技和文化产业统计司，科学技术部战略规划司．中国科技统计年鉴2019［M］．北京：中国统计出版社，2019．

（二）耦合比较2：每万人口发明专利拥有量

如表11-4所示，至2018年年底，国家即将完成规划目标，而重庆、北京、浙江、福建、上海、天津、吉林、江西、贵州、广东、陕西、辽宁、宁夏13个省（区、市）已经超额完成"十三五"规划目标值，重庆市超额完成率最高，高达109.3%。云南省在2018年每万人口发明专利拥有量是2.5件，与"十三五"规划目标值还有一定的差距。

表 11-4　国家及各省（区、市）截至 2018 年每万人口发明专利拥有量完成情况

序号	地区	"十三五"规划目标值（件）	2018 年实际值（件）	耦合值（超额完成率）
1	国家	12	11.9	-0.8%
2	重庆	4.3	9	109.3%
3	北京	80	112	40.0%
4	浙江	17	23.3	39.1%
5	福建	7.5	9.8	30.7%
6	上海	40	47.4	18.5%
7	天津	18	20.6	14.4%
8	吉林	4.2	4.8	14.3%
9	江西	2	2.4	20.0%
10	贵州	2.5	2.8	12.0%
11	广东	20	21.9	9.5%
12	陕西	10	10.2	2.0%
13	辽宁	7.36	8.6	16.8%
14	宁夏	3.5	4.1	17.1%
15	湖南	6	5.9	-1.7%
16	西藏	2	1.7	-15.0%
17	黑龙江	6.7	5.9	-11.9%
18	新疆	2.5	2	-20.0%
19	四川	7.5	6.2	-17.3%
20	湖北	10	8.2	-18.0%
21	甘肃	3.5	2.6	-25.7%
22	云南	3.5	2.5	-28.6%
23	广西	6	4.3	-28.3%
24	内蒙古	3	2	-33.3%
25	海南	4.5	2.8	-37.8%
26	山东	14	8.7	-37.9%
27	河南	6	3.5	-41.7%
28	河北	8	3.3	-58.8%

续表

序号	地区	"十三五"规划目标值（件）	2018年实际值（件）	耦合值（超额完成率）
29	安徽	10	9.7	-3.0%
30	山西	3.7	3.5	-5.4%
31	青海*	—	2.3	—
32	江苏*	—	26.4	—

数据来源：规划目标值来自国家及各省（区、市）"十三五"科技创新规划；2018年实际值为自行测算，基础数值来自国家统计局社会科技和文化产业统计司，科学技术部战略规划司．中国科技统计年鉴2019［M］．北京：中国统计出版社，2019；国家统计局．中国统计年鉴2019［M］．北京：中国统计出版社，2019．

第四节 云南"十四五"科技创新规划目标与指标的选取设计

结合云南省经济社会高速发展态势，通过横向比较分析各省（区、市）规划目标指标设计，并考虑科技创新活动中有关指标的重要性和连续性，以及新时期对于高质量发展的内在需求，提出云南省"十四五"科技创新规划目标设计建议。

一、目标设计

到2025年，进入创新型省份行列，为民族团结进步示范区、生态文明建设排头兵、面向南亚东南亚辐射中心建设提供强大支撑。

——科技创新能力显著增强。地区研发经费占GDP比重达1.8%，财政科技经费引导效应不断加强；每万名就业人员中研发人员达25人/年，高水平科技人才队伍不断壮大；全员劳动生产率达12万元/人，劳动者素质与工作效率显著提高；规模以上工业企业研发经费支出占主营业务收入的比例达1.5%，企业自主研发能力不断提升；每万人口发明专利拥有量达6件，科技产出明显加大；累计认定高新技术企业数量达3000户，企业技术创新主体地位不断巩固提升。

——科技支撑高质量跨越式发展成效明显。技术合同成交金额达

330 亿元，科技成果转移转化更加高效通畅；作物良种覆盖率达 99%，高技术产品出口额占商品出口额比重达 50%，战略性新兴产业增加值占规模以上工业企业增加值比重达 30%，科技支撑经济发展的绩效更加突出；知识密集型服务业增加值占国内生产总值比例达 19%，科技服务业主营业务收入增长速度达 15%，科技支撑服务业高水平发展的能力显著提高；全省科技进步贡献率达 60% 以上。

——科技创新合作更加全面开放。主动服务国家科技外交总体部署，抓住中国（云南）自由贸易试验区建设的重大机遇，依照"不求所有、但求所用"的原则，最大限度地实施科技开放。打造科技入滇升级版，推动项目平台等落实做细；逐步推动科技计划国内国际开放，有效利用国内外优势科技资源；建立完善国际科技交流与合作机制，推动中国—东盟科技创新中心与中国—南亚技术转移中心等平台提质增效；推动中国（云南）自由贸易试验区建设中各类创新举措先行先试，激发创新创业活力。到 2025 年，全省创新要素集聚、创新活力迸发的局面得到巩固深化。

二、指标设定

根据上述分析，对云南"十四五"科技创新规划相关指标的选取建议见表 11-5。

表 11-5　云南省"十四五"科技创新规划指标设定建议

序号	指标	2020 年规划目标值	2020 年预测完成值	2025 年预计值
1	科技进步贡献率（%）	≥60	—	>60
2	研究与试验发展经费投入强度（%）	力争达到全国平均水平	1.2	1.8
3	规模以上工业企业研发经费支出占主营业务收入的比例（%）	≥1	1	1.5
4	每万名就业人员中研发人员（人/年）	>25	18	25
5	每万人口发明专利拥有量（件）	≥3.5	3.4	6
6	技术合同成交金额（亿元）	120	130	330

续表

序号	指标	2020年规划目标值	2020年预测完成值	2025年预计值
7	知识密集型服务业增加值占国内生产总值比例（%）	15	16	19
8	高技术产品出口额占商品出口额比重（%）	30	30	50
9	累计认定高新技术企业数量（户）	≥1500	1650	3000
10	公民具备科学素质的比例（%）	8	7	10
11	战略性新兴产业增加值占规模以上工业企业增加值比重（%）	—	—	30
12	科技服务业主营业务收入增长速度（%）	—	—	15
13	作物良种覆盖率（%）	—	—	99
14	全员劳动生产率（万元/人）	—	—	12
15	高新技术产业增加值占GDP比重（%）	—	—	30

第十二章　云南"十四五"科技创新发展的重大思路

"十四五"时期是开启新时代中国特色社会主义现代化建设新征程的重要时期，是我国迈向创新型国家前列的起始阶段，是云南由创新型省份建设迈向创新驱动高质量发展的关键时期。"十四五"期间，云南科技创新发展的方针、原则、理念与重点，都需要重新思考与谋划。

第一节　指导方针

顺应历史潮流，与时俱进，中国科技工作指导方针应由"十六字"方针转为"三个面向"。

《国家中长期科学和技术发展规划纲要（2006—2020年）》中提出的"自主创新，重点跨越，支撑发展，引领未来"的"十六字"方针即将完成它的历史使命。当时中国的整体科技水平主要处于跟踪模仿阶段，大量引进国外先进技术进行引进消化吸收再创新。经过10多年的积累，中国科技开始呈现出领跑、并跑、跟跑"三跑"并存的状态，中国开始进入创新型国家行列。发明专利申请量、科技论文产出量、研发人员总量位居世界第一，研发投入等位居世界第二，创新指数和竞争力排名大幅跃升，在全球排名第20位左右。基于这样的变化，我们需要与时俱进，在新的起点和新的历史条件下，重新思考引领中国未来10~20年科技发展的路线方针，以实现跻身创新型国家前列、建成世界科技创新强国的宏伟蓝图。

"面向世界科技前沿、面向国家重大需求、面向国民经济主战场"

理应成为新时代中国科技发展的指导方针。面向世界科技前沿既是跻身创新型国家前列的客观要求，也是成为全球规则制定者与主导者的必然要求。面向国家重大需求既是提升国家核心竞争力的内在要求，也是在涉及国家政治、经济安全等重大领域免于受制于人所应具有的战略思维。面向经济建设主战场既是解决困扰我国多年的科技与经济"两张皮"问题的重要思路，也是突破"卡脖子"技术、做强产业、培育新兴产业的必由之路。"三个面向"方针立足于世界科技发展趋势和我国国情实际，兼具全球视野与历史思维，理应成为新时期指引我国科技创新工作的总方针。

第二节　基本原则

指导方针确立了科技创新工作的目标方向，我们要按照既定的原则，围绕2030年我国进入创新型国家前列的目标要求，思考云南省达到国家平均水平、基本同步实现创新型省份目标的路径，增强战略定力，心无旁骛地制定好战略规划，一张蓝图干到底。

一、坚持资源配置由市场决定原则

充分发挥市场在资源配置中的决定性作用，将知识与技术交由市场来评价，把技术创新更多交给市场、放给企业。让市场的创新创业活力孕育激发出前沿引领技术、现代工程技术、颠覆性技术，大力发展科技服务业与中介机构，助力科技成果转化、中小企业创新和新兴产业培育。

二、坚持更好发挥政府作用原则

要更好发挥政府集中力量办大事的制度优势，抓重大、抓尖端、抓基本、抓民生，攀登战略制高点、提升综合竞争力、保障国家安全。对一些方向明确、影响全局、看得比较准的，实施重大专项和重大工程，动员全社会力量来推动。

三、坚持科技供给与需求双侧同时发力原则

持续强化企业、高校、院所的高质量科技供给。鼓励科学家从事原创性研究，自由畅想、大胆假设、认真求证；鼓励企业家加大研发投入，专注品质、追求卓越、提升效能❶。面向需求、预测需求、瞄准需求，围绕社会"需求侧"推动科技"供给侧"改革，政府应为新技术提供应用场景。云南在短期内无法实现科技高质量供给的情况下，可通过创设场景、扩大技术需求来拉动技术供给，在技术需求方面快速发力，在技术供给上稳定发力，推动技术需求与供给良性互动。

四、坚持依法依规推进科技创新治理原则

引导科技工作者增强法制观念，依法开展科技创新活动。充分了解和尊重科技创新的规律与特点，区分科研人员合法的股权分红、知识产权收益、科技成果转化收益与贪污、受贿之间的界限；区分科技创新探索失败、合理损失损耗与骗取科研项目、虚增科研经费投入的界限。创造和维护一个适宜创新和投资创新的法律环境，建立严格而可执行的知识产权保护体系，提高知识产权违法违规成本。

五、坚持提高科技风险防控意识原则

对事关经济社会发展全局的"卡脖子"技术进行长期攻关，持续关注"卡现在""卡未来"的战略方向和重点，密切关注科技保障公共卫生安全、粮食安全、能源安全、金融安全、经贸安全、信息安全等的问题。对新兴科技领域，尤其是人工智能、基因编辑、医疗诊断、大数据等，研究其对产业发展、社会稳定、价值伦理等方面的综合影响和潜在风险，做好风险评估、预判、预警和防范，加强科学伦理审查和监管。

---

❶ 贾宝余，刘立. 积极运用科学思维推进新时代科技创新[Z]. 战略前沿技术，2019.

第三节 发展理念

科技创新是一个民族进步的灵魂,是一个国家兴旺发达的源泉,是一个地区繁荣昌盛的不竭动力。科技发展理念植根于中华文化,应与中华文化和平、和睦、和谐发展的理念一脉相承。未来的科技创新应服务于政治、经济、社会、文化、生态"五位一体"全方位的发展,应造福于增进和平、促进繁荣、引领未来。

一、绿色发展

绿色不仅是一种生产方式,更是一种生活方式。云南是全国绿色资源最富庶、最富集的区域,现任政府提出的打造"绿色能源""绿色食品""健康生活目的地"世界一流"三张牌"的目标任务,以及发展数字经济的战略重点,很好地诠释了绿色发展的理念。在科技创新中秉持绿色发展理念,就是要发展绿色科技,发展与绿色科技结合较紧密的生物学、物理学、化学等基础科学研究,发展与节能减排和生态环保有关的应用技术研究,涉及绿色消费、绿色生产、绿色制造、循环利用等技术与工艺,将生态文明建设贯穿于经济、社会、文化发展的各方面和全过程,构建以持续、和谐、高效为目标的经济增长和社会发展方式。

二、开放发展

更高水平、更深程度的对外开放,是云南历久弥新的战略抉择,它源于云南特殊的地理区位,经受住了历史检验,也必将在中国崛起与国家加大对外开放力度的背景下,成为历史的必然选择。云南科技发展水平与经济发展相适应,在全国处于第三梯队,在西部处于中游水平。云南在科技先天不足、积累薄弱的情况下,唯有扩大国内合作,借助外脑外力,才能保证有效的科技供给。云南的开放,既要对内开放也要对外开放,对内开放是对外开放的基础,对外开放是对内开放的延伸。云南只有在做强自身之后才有能力辐射南亚东南亚地区,否则只能作为中国与周边国家合作的枢纽和中转驿站,产生不了更多实效。

三、融通发展

融通发展需要科学研究的跨界融合、产业发展的迭代融合、科技与经济的一体并进。基础研究、应用研究与成果转化的线性科研模式正在弱化，科学和技术平行推进动态调整的科研模式正在得到强化，学科交叉的趋势越发明显，新学科、新业态发展迅猛。传统一二三产业的分工，正在经历调整与演变，随着物联网、人工智能、5G等技术突飞猛进的发展，新产业、新业态萌芽迅速发展，正在逐步走向成熟，未来产业类型与格局初见端倪。随着高质量发展目标的提出，科技与经济"两张皮"的问题正在得到实质性解决，科技已经成为经济发展的应有之义、内在之因。知识和技术作为关键生产要素，正在随着以市场决定价值、以需求牵引研发的科技成果转化思路的调整，在市场经济发展中发挥更加重要的作用。

四、非常规非对称式发展

所谓非常规，就是打破原有科技成果转化与产业化促进经济发展的既定路线，不囿于做实第一产业、提质第二产业、优化第三产业的产业经济发展思路，按照跨界、融合、颠覆、逆袭的思路，以"互联网+""数字+""智慧+"的方式，推进经济社会非常规式的发展。云南科技经济水平落后，这已是不争的事实。云南作为后来者要提升，关键在于保持对机会窗口的敏锐嗅觉、有胆略抢抓战略机遇，在领先者陷入"创新者困境"和"领跑者窘境"的时候，采取非对称赶超策略，抓住全球第四次技术革命与产业变革带来的前所未有的历史机遇，在大力解放思想、优化创新环境、改善营商环境、激励与激活人才方面狠下功夫，实现云南非对称跨越式发展。

第四节　战略重点

"十四五"科技创新规划应重点规划市场失灵领域，也就是那些市场管不了或者管不好的事情，重点从区域协调发展、区域创新体系、核心经济竞争力、城乡发展、科技创新生态 5 个方面着力，抓区域创新布局、抓机构平台建设、抓区域经济主体创新、抓核心优势产业关键共性技术、抓场景技术应用、抓科技创新治理现代化，将"六抓"作为"十四五"期间全省科技创新的战略重点。

一、抓区域创新布局，促进科技创新协调发展

差异化、特色化、一体化的区域发展策略已成为国内各地区发展的大势。近年来，国家就东中西的协调发展先后提出了东北振兴、中部崛起、西部大开发、长江经济带等战略，并努力推进区域一体化协调发展，先后提出京津冀、长三角、粤港澳大湾区等区域协同发展战略。除了纵向横向的带状国家区域部署外，还在点位上按照国家地理大区，提出建设沈阳、南京、武汉、深圳、成都、西安六大区域中心城市的部署。中心城市和城市群正在成为承载发展要素的主要空间形式，科技创新日渐成为驱动城市发展的根本动力。抓区域布局、抓中心城市，已经成为促进区域整体协调发展的重要手段。

近年来，云南在没有国家重大区域战略布局落地的情况下，主要围绕滇中地区开展了一些区域布局的探索和尝试，积累了一些经验和教训。在国家科技资源布局上，也主要围绕滇中地区进行了国家级高新区等方面的有益尝试，现正在努力打造滇中国家自主创新示范区。基于滇中原有基础以及省级层面的规划部署，滇中地区创新能力得到进一步提升。与此同时，其他片区的科技发展就显得相形见绌，除了自身基础较薄弱外，与省级层面的统筹规划考虑不无关系。

"十三五"云南科技创新规划并未对全省科技资源进行统筹布局，这也在一定程度上加剧了全省科技发展的不平衡性，与新时代提出的促进区域协调发展和国内各区域协同发展的大势不相吻合。那么，"十四五"期间，云南科技如何进行区域布局，这已经是难以回避的问题。

为了进行合理布局，有必要先盘点云南 16 个州市经济与科技发展现状。从表 12-1 和表 12-2 中可以看出，在全省排名前 5 位的州市中，除了滇中的昆明、玉溪、曲靖、楚雄外，还较多集中在大理和红河两个州市，基本体现了科技强则经济强的发展规律。

表 12-1 云南各州市经济发展主要指标（2018 年）

序号	州市名称	规模以上企业数量（个）		GDP（亿元）		人均GDP（元/人）		进出口总额（亿美元）		规模以上工业企业数量（个）		工业总产值（亿元）		农业总产值（亿元）	
		数值	排名	数值	排名	数值	排名	数值	排名	数值	排名	数值	排名	数值	排名
1	昆明市	990	1	5206.9	1	76387	1	131.79	1	990	1	2038.02	1	374.84	4
2	曲靖市	648	2	2013.36	2	32798	7	11.53	6	648	2	777.37	2	596.28	1
3	玉溪市	421	3	1493.04	4	62641	2	18.37	4	421	3	766.4	3	250.04	10
4	保山市	267	7	738.14	9	28168	11	4.18	11	267	7	281.14	9	268.93	9
5	昭通市	124	11	889.54	7	15987	16	0.12	15	124	11	397.82	7	249.09	11
6	丽江市	78	14	350.76	14	27128	12	0.42	13	78	14	137.71	12	93.43	14
7	普洱市	159	9	662.48	10	25170	13	11.31	7	159	9	244.16	10	271.95	7
8	临沧市	170	8	630.02	11	24892	14	7.4	9	170	8	205.39	11	270.60	8
9	楚雄州	324	5	1024.33	6	37303	4	8.53	8	324	5	417.12	6	311.91	5
10	红河州	401	4	1593.77	3	33706	6	36.43	3	401	4	759.99	4	385.43	3
11	文山州	159	9	859.06	8	23568	15	4.93	10	159	9	307.39	8	281.19	6
12	西双版纳州	86	13	417.79	12	35286	5	12.34	5	86	13	114.33	13	173.90	12
13	大理州	279	6	1122.44	5	31251	8	3.27	12	279	6	424.77	5	416.01	2
14	德宏州	113	12	381.06	13	29033	10	48.04	2	113	12	92.68	14	133.32	13
15	怒江州	18	16	161.56	16	29375	9	0.25	14	18	16	50.26	16	34.59	15
16	迪庆州	23	15	217.52	15	52669	3	0.03	16	23	15	90.17	15	21.61	6

数据来源：云南省统计局. 云南统计年鉴 2019 [M]. 北京：中国统计出版社，2019.

第十二章 云南"十四五"科技创新发展的重大思路

表 12-2 云南各州市科技创新核心指标（2018年）

序号	州市名称	R&D人员折合全时当量（人年）		R&D人员数（人）		R&D经费支出（亿元）		R&D经费支出占地方生产总值比重（%）		财政科技支出（亿元）		财政科技支出占同级财政支出比重（%）		专利申请量（件）		专利授权量（件）		有效发明专利量（件）		高企数量（家）	
		数值	排名	数值	排名	数值	排名	数值	排名	数值	排名	数值	排名	数值	排名	数值	排名	数值	排名	数值	排名
1	昆明市	27228.70	1	45508	1	97.94	1	1.88	1	8.01	1	2.38	1	23921	1	12401	1	8894	1	928	1
2	曲靖市	5126.10	2	8190	2	20.99	2	1.04	3	1.48	8	0.31	10	2168	3	1308	3	482	3	80	3
3	玉溪市	3275.30	3	5375	3	14.81	4	0.99	4	3.98	2	1.43	2	2430	2	1473	2	857	2	94	2
4	保山市	1204.80	7	1972	7	3.55	9	0.48	12	0.85	11	0.33	9	370	12	318	10	135	10	30	6
5	昭通市	768.10	11	1351	10	2.96	11	0.33	15	0.98	10	0.21	16	806	7	322	9	85	12	11	12
6	丽江市	543.30	13	1274	12	1.92	13	0.55	6	1.07	9	0.64	4	543	9	272	14	130	11	18	9
7	普洱市	967.90	10	1769	9	3.25	10	0.49	11	1.51	7	0.51	6	463	10	359	8	169	8	25	8
8	临沧市	696.70	12	1040	13	2.52	12	0.40	13	0.68	12	0.26	13	349	3	318	10	73	14	8	13
9	楚雄州	1977.30	5	2970	6	5.42	6	0.53	8	2.01	4	0.73	3	1159	5	829	4	306	5	55	4
10	红河州	3061.70	4	4937	4	15.77	3	0.99	4	1.64	5	0.37	8	1294	4	658	6	383	4	29	7
11	文山州	1156.20	8	1956	8	4.64	8	0.54	7	1.55	6	0.45	7	788	8	454	7	163	9	18	9
12	西双版纳州	1038.60	9	1278	11	4.85	7	1.16	2	0.33	16	0.25	15	460	11	249	15	176	7	12	11

173

续表

序号	州市名称	R&D人员折合全时当量（人年）		R&D人员数（人）		R&D经费支出（亿元）		R&D经费支出占地方生产总值比重（%）		财政科技支出（亿元）		财政科技支出占同级财政支出比重（%）		专利申请量（件）		专利授权量（件）		有效发明专利量（件）		高企数量（家）	
		数值	排名	数值	排名	数值	排名	数值	排名	数值	排名	数值	排名	数值	排名	数值	排名	数值	排名	数值	排名
13	大理州	1822.30	6	3292	5	5.74	5	0.51	9	2.36	3	0.64	4	1089	6	768	5	219	6	43	5
14	德宏州	487.00	14	813	14	1.89	14	0.50	10	0.46	14	0.30	2	341	14	275	12	81	13	5	14
15	怒江州	171.90	15	313	15	0.55	15	0.34	14	0.37	15	0.26	13	122	16	61	16	15	16	2	16
16	迪庆州	81.10	16	184	16	0.50	16	0.23	16	0.50	13	0.31	10	212	15	275	12	26	15	4	15

数据来源：1. 云南省科学技术厅，云南省统计局，云南省财政厅. 2018年云南省科技统计公报 [EB/OL]. (2019-10-15) [2019-04-01]. http://kjt.yn.gov.cn/show-25-4274-1.html.

2. 《2019云南省科技统计报告》（内部资料）。

打造培育大理、红河两个创新增长极。大理、红河分属云南西北、东南两个片区，与滇中四州市连成一片。"十四五"云南科技区域布局，可考虑将大理、红河作为两个创新极来打造，与滇中地区形成梯次发展格局，在条件成熟时，可作为一个更大规模、更具实力、协同程度更高的城市群或城市圈来考虑，这样可以带动滇西、滇南更多区域梯次发展，最终实现云南整体发展。

二、抓区域经济主体创新，推进科技经济深度融合

新时代，科技本身就应该是经济的应有之义、内在之因，无科技创新的经济发展就不是高质量的经济发展，无科技内涵的经济也不是现代化的经济。长期以来困扰我们的科技与经济"两张皮"问题，必须在"十四五"时期得到根本改变，否则高质量发展将成为一句空话，跻身创新型国家前列更是无稽之谈。

（一）抓县市区域经济主体创新是实现科技经济深度融合的绝佳手段

长期以来，我们一直在抓高校院所的科技创新，因为它们是公认的科技创新主体，是科技成果的供给者。随着实践的不断深入，以及科技成果转化带来的诸多问题，我们意识到企业才是技术创新的真正主体，企业科技创新走进大众视野，成为共识。但是，随着市场经济改革的深入推进，我们发现，企业作为微观市场经济行为体，它的经济行为和活动应该由市场而不是政府来决定，政府能够做的是激励和监管。也就是说，企业是否创新与它的发展阶段、发展目标、市场竞争力等息息相关，不是政府要它创新，它就创新。那么，市场经济条件下，政府的"手"应该放在哪里呢？政府虽然不能直接插手企业经营，但是政府作为调控主体，可通过经济调控来间接引导企业创新。与其抓科技创新主体的成果转化，不如抓区域经济主体的科技创新。县域经济是国民经济的基本单元，是以县城为中心、乡镇为纽带、农村为腹地的区域经济；县域经济为城市经济提供了巨大的资金、土地、劳动力等资源，城市经济在县域经济的摇篮中发育、成长。县市

作为区域经济的主体,可充分发挥政府的调控力,引导区域内主体创新,营造区域创新氛围,形成区域创新合力,最终实现区域经济的高质量发展。

(二)充分借鉴国内抓县市科技创新的经验做法

调研中我们发现河北省出台了《河北省县域科技创新跃升计划(2019—2025年)》(以下简称《跃升计划》),河北省的一些做法带给我们不少启示:一是对县域发展重要性的认识有高度。县域是推动全省高质量发展的基础,是创新型省份建设的关键。长期以来,县域科技创新能力薄弱,在科技投入、技术创新、高新技术企业发展、科技创新环境等方面存在诸多不足,对县域经济社会高质量发展形成较大制约。二是对落后地区科技创新工作的认识有深度。落后不是不要创新,越是落后的地区,越需要科技创新实现赶超跨越。那种认为科技创新是发达地区的事、无高水平的研究机构和创新平台、无几家高新技术企业就抓不了创新的想法是不正确的。要克服惯性思维,越是欠发达地区,越需要科技创新的"后发追赶",唯有科技创新才能实现跨越式发展,才能早日赶上发达地区。三是对县域科技创新引导有思路。《跃升计划》的核心是"六个一"工作思路,即一套指标来监测、一把尺子来衡量、一组举措来支撑、一批奖项来激励、一份报告来指导、一支队伍来助力。通过省市县联动,共同推进县域科技工作。通过县域科技创新能力监测评价体系来对县域创新能力进行分类和排队。这个评价体系包括地方财政科技投入、高新技术企业数量、科技型中小企业数量、省级以上科技创新平台数量等指标。四是形成各个县市科技"比武""摆擂"、争上光荣榜的良好局面。以省科技创新工作领导小组名义,在省内主要媒体公布各县市科技创新能力评价得分、排名及分类变化情况,基础比较差的地区,如果实现了排名和等次的提升,一样能得到社会的关注和认可。谁强谁弱不是最重要的,前进了还是后退了才引人关注。省科技厅每年安排约2亿元专项资金,奖金额度从100万~500万元不等,对年度实现科技创新能力大幅跃升的县市公开给予奖励。五是通过发布县域科技创新年度评估报告，更好地指导县域科技创新工作。根据各县市科技创新能力年度监测评价结果，省科技厅每年发布县域科技创新年度评估报告，对每个县市年度科技工作取得成绩、存在问题和下一步工作重点等进行全面分析，为各县市科技工作"把脉会诊"，开具"诊断报告"和"治疗药方"。在省级科技项目立项、科技创新平台建设、高新技术企业和科技型中小企业认定、厅县科技工作会商、基层科技管理人员培训和表彰等方面持续加大对县级科技工作的支持。

（三）狠抓云南州市县科技创新

云南各州市县科技工作不扎实，省级科技创新部署就无落脚之地。高校院所企业科技创新要不要抓？当然要抓。但是随着科技创新由小众走向大众，紧抓微观主体、紧抓小众，已不符合科技创新大众化的实际，尤其不能满足经济与科技深度融合的客观要求。那么抓什么人搞科技创新呢？抓州长、市（县）长搞科技创新，就是抓地方经济的高质量发展。云南省科技领导小组的成立，使这一举措具有了现实可行性。抓县市科技创新与抓高校院所企业科技创新并不矛盾。高校院所和企业也是在各个县市区域内开展科技与经济活动的，抓区域经济主体创新才可以更好地抓微观主体创新。云南科技创新的当务之急是实现经济高质量发展，那么从经济主体出发，通过抓经济主体创新来抓科技创新，也就是通过需求来倒逼供给，通过应用技术研究来倒逼基础科学研究。这样，一方面可以使政府抓科技创新的面更大一些，解决云南许多县市无独立科技管理部门、基层科技管理队伍被弱化等问题；另一方面也可以很好地解决高校院所科研成果转化应用难的问题。

三、抓机构平台建设，搞活科技创新主体

"十四五"期间，云南科技创新的主要任务是赋能产业发展，大力提升全省经济实力，实现科技与经济的深度融合。研发机构与平台作为科技供给的重要主体，在社会主义市场经济改革深入推进的背景下，需加快市场化进程，加速科技成果产业化，为产业与经济发展提

供动能。

（一）大力促进新型研发机构发展

新型研发机构是打破传统科研机构单一事业单位属性，由高校、院所、企业、中介、投资机构等一起建立的混合制实体，它突破了传统科研机构多专注学科知识探索的局限性，实现了科学研究、成果转化、产业孵化、企业培育、投资服务等多功能的集成式发展。新型研发机构更适合新时代科技创新的特点，更符合科技与经济融合发展的时代要求，更能发挥各类创新主体的各自优势，跨越了体制机制上的诸多障碍。一是化解了传统党政机构、事业单位与公司企业体制上分割的冲突，建立起了一个混合制的实体组织。二是围绕产业链部署和融合创新链，讲求创新的应用性、转化率以及经济效益。三是灵活运用市场机制实现科研、投资、孵化等不同功能的整合，给予所有创新主体充分有效的激励。四是确立理事会领导下的院长负责制，明晰机构运营自主权，实施公司化管理。五是摆脱了长期困扰科研机构的"事业单位"属性，创新主体有人财物自主权，建立了与企业、市场紧密对接的运营机制。六是借助高校院所丰富多样的学科，开展跨学科研究，易于产生颠覆性技术，催生新业态、新产业。

（二）大力推进产业技术平台建设

有研究表明，云南在学科、人才、平台上的优势并未形成产业发展上的优势。生物学研究的显著优势尚未形成与之密切相关的产业领域的显著优势，生物医药大健康产业、高原特色农业、食品与消费品制造业大而不强，优势并不明显。新材料领域的较强科研优势，也未形成新材料产业的强势发展。简言之，就是基础研究优势没有形成产业技术优势。此外，现有科研体系不能有力支撑八大产业高质量发展。基础与应用基础研究对信息产业、先进装备制造业的支撑明显不足，支撑高原特色农业发展的平台不足。从以上可以看出，加速科技成果的转化应用，是云南的当务之急。加强产业技术平台建设，是推进技术应用于产业的最便捷的方式，是推进科技成果面向产业、面向经济建设主战场的最佳方式。

（三）大力培育与引进技术转移机构

基础研究优势没有转换成产业发展优势的重要原因之一就是从事科技成果转移转化的中间体不够成熟和强大。有研究表明，云南技术转移机构的主力军仍是体制内的事业单位，市场化与社会化的技术转移机构较少。在这种情形下，首先，高校院所现有科技成果转化组织的功能应予以强化。建立健全高校院所技术转移机构，在高校院所事业编制和经费中设立专职和专项，专司科技成果转移转化职能。其次，大力引进培育市场化的技术转移机构。这些机构主要从事技术评估、技术交易、技术转让、技术代理、技术集成等服务，与高校院所密切合作，将他们的科研成果适时推向市场，弥补高校院所成果转化环节的功能短板。

四、抓产业关键共性技术，推进核心优势产业迭代升级

关键共性技术是指在多个行业领域得到广泛应用，并能对整个或多个产业形成瓶颈制约的核心技术，是制造业高质量发展的关键，是企业生产率提高的法宝，是产业迭代发展的推动器。

（一）世界强国普遍由政府来主导关键共性技术研究

英、美、德、日等国政府正是因为重视关键共性技术发展，才在历次工业革命中顺利实现了产业转型和工业化任务。英国政府制定和颁布了世界上最早的专利制度，对专利技术给予法律上的保障，较好地保护了技术人员、私人发明家等发明创造者的权益，使其在关键共性技术领域长期处于领先地位。美国政府为了避免私人企业者的短视行为，主动作为，在关键共性技术创新方面未雨绸缪、提前布局，做好战略引导，将市场竞争与国家导向紧密结合，推动形成了多元主体互动的国家创新体系。德国政府非常重视职业教育，培养造就了一大批职业技术人才。德国政府鼓励私人和企业进行技术攻关，在工业转型时期狠抓关键共性技术攻关，创造了"德国制造"的品牌和实力，至今在关键共性技术领域仍占有一席之地。日本政府制定科技立国、产业立国战略，通过产业政策对产业发展进行干预，潜心研究工业机

器人和人工智能等关键技术，科技实现了由跟踪模仿向创新引领的转变。中国政府在党的十九大和十九届四中全会中明确提出了突出关键共性技术创新和构建社会主义市场经济条件下关键核心技术攻关新型举国体制的安排，关键共性技术成为新时代中国经济发展所关注的重要问题。

（二）关键核心技术主要靠自主研发

当前，世界正在经历第四次技术革命和产业革命，中国能否抓住这次技术与产业革命的机遇，关键共性技术领域的突破是关键。中国经济社会发展已经进入新时代，之前跟踪模仿和引进消化再吸收的路子已经走不通。一方面，中国该从别人那里学习的东西已经学得差不多了，跟踪模仿已经到了临界点；另一方面，我们与科技强国的差距正在缩小，美国等已经把我们当作竞争对手，对我们进行技术封锁，真正的核心关键技术已买不来。所以中国已经进入自主创新、自我创造的时代。

（三）云南需在核心优势产业上开展关键共性技术研发，以提升产业整体效能

核心优势产业技术涉及云南经济核心竞争力，需要政府在战略与政策上加强部署与引导，把握关键共性技术创新格局。"十四五"期间，需要在以下几个方向重点发力：

一是加强生物应用领域关键共性技术研发，将生物学的学科优势转变为产业优势。生物学科上的显著基础研究与人才优势，并未形成与之密切相关的产业领域的显著优势，生物医药大健康产业、高原特色农业、绿色食品制造业大而不强，优势并不明显。

二是加强传统支柱产业向新兴产业转型升级的关键共性技术研发。冶金工程技术是继生物学之后云南又一优势科研领域。要加大冶金行业整体迭代升级的关键共性技术研发，推动其向节能环保、新材料或者先进装备制造业等新兴产业转型。新材料领域虽然在人才和平台上有一定的比较优势，但是并未形成新材料产业的强势发展，新材料领域的关键共性技术有待突破。

三是增强能源资源领域关键核心技术突破，保障国家能源资源安全。云南矿产资源富集，有些稀贵金属属国家战略资源。云南水能源优势突出，水电技术有较好的技术与人才储备。云南矿产资源的综合利用在人才储备和平台建设方面已经有了较好基础，需要在关键共性技术上取得突破，以形成新的支柱型产业。与绿色能源产业相关的基础与应用基础研究和人才都显薄弱，作为云南省重点打造的品牌产业，在关键核心技术研究与人才培养等方面还需要做大量工作。

四是大力推进"数字+"（"智能+"）产业的关键共性技术研究，实现产业跨越式发展。大力开展5G、人工智能、工业物联网、区块链等技术应用与产业融合发展的关键共性技术研究，实现数字赋能产业，催生新业态、新产业，引领云南经济发展的未来。

五、抓场景技术应用，推动经济社会赶超跨越

需求是确定的，场景是创设的。场景不是技术应用示范，不是挖掘需求，而是洞见并创造未来。这是需求与场景的本质区别。

（一）最新科技与产业发展形势给云南带来难得的历史机遇

正在发生的全球第四次技术革命和产业革命有以下几个特点：一是前三次技术和产业革命先后以机械化、电气化、自动化为标志，这次技术革命是以智能化为标志。智能化将摧毁工业时代的生产方式，重构一切产业基础和产业形态。二是生产过程的非线性和分散化。工业时代的线性产业链将被打破，产品与要素可分散在世界范围内的产业圈中，并按照价值最大化的原则进行生产要素的重组与分配。三是线性科技创新链条将被打破。科技创新链不再是基础研究—应用基础研究—应用技术研究的线性链式分布。

科学和技术是平行的，没有绝对先后，发明和发现是相互促进的有机整体，重大的发明往往包含新的发现❶。对基础研究而言，科学

---

❶ 丁佳. 太上头了！这3位院士怎么净说大实话？[Z]. 科学网，2019.

前沿和需求导向是"两条腿走路",且二者的互动十分重要。以往的科技革命,都是科学革命在前,技术革命在后,然后是产业革命。这次很可能是技术和产业革命在先,然后引发科学革命。这种非线性泛在的技术与产业发展态势,对科研基础与产业发展水平的要求就会相对降低。这对像云南这样创新基础薄弱、经济发展水平较低的地区实现赶超跨越式发展,提供了难得的历史机遇。

(二)大力推进场景技术应用,实现云南非常规跨越式发展

在第四次技术和产业革命浪潮中,在少数领域我国成为全球领跑者,也就是进入"无人区",追赶目标消失,新业态、新产业的爆发点与增长点不明确,需要依靠未来场景创设或者提供技术应用场景来驱动技术创新或者加快新技术应用。从战略层面来讲,只要方向对头,就可以带动一批学科发展,出现一批颠覆性技术,培养一批人才,催生一个或几个新的产业。

"十四五"期间,云南省各级政府可重点围绕以下两个方向开展工作:一是在战略方向上加强引导,重点在制造业与服务业融合化、服务数字化、社会智能化、消费健康化、环境绿色化等方面创设未来场景,围绕场景构建技术体系。二是为5G、人工智能、物联网等新技术提供应用场景,扫除技术落地应用方面的制度政策障碍,如自动驾驶技术等落地所需的路面、交通管制等一系列法规政策与规则的"破"与"立",大力推进智慧城市与智慧乡村建设,切实让新技术更快更好惠及于民。

六、抓科技创新治理现代化,营造良好创新生态

人才是第一资源,科技创新治理的对象主要是科研人员,只要科研人员愿意从事创新创造的工作,喜欢现有的创新环境,那么这就是良好的创新生态。

(一)打造激励人才创新创造的科研生态系统

科学研究最核心的要素是人。科研最大的特点是非功利性和结果

的不确定性,最需要的是容许质疑和挑战的氛围,以及平等、开放、无限制交流、各类人才聚集的科研生态系统。真正的人才产生于竞争开放的生态系统中,成长于与其他人才交流互动、共同协作、刻苦求索的过程中。有了好的激励系统,没有人才可以产生人才,可以吸引人才。

基于科学研究的不确定性,尤其是基础研究,政府可以根据中长期发展需要,利用资金的"指挥棒"从战略层面上影响基础研究的大致方向与重点,保障科研人员在公平、公正条件下获得竞争资金支持后,完全独立自主地开展具体科研活动。政府要创造和维护一个适宜创新创造的法律和文化环境,要鼓励人才流动,尤其鼓励高校院所科研人员以更灵活的方式参与企业创新活动。

(二)强化作风学风建设

科研人员要大力弘扬实事求是、守正创新、理性批判、实践检验的科学精神,发扬久久为功、持之以恒的钉钉子精神和精益求精的工匠精神,崇尚科研民主、坚守科研诚信、戒骄戒躁,反对投机取巧、拉帮结派搞圈子。

政府要强化科研诚信管理,建立健全科研诚信管理信息系统,在科技计划项目、科研奖励、人才评审评价等工作中,实施科研诚信管理制度,做到部门联动与信息共享,实现"一处失信、处处受限",营造风清气正的科研环境。

大力宣传科学家、优秀科研工作者的典型事迹,形成人人爱科学、人人尊重科学家的良好社会氛围。

(三)持续推进政府职能由行政管理向创新服务转变

继续加快职能转变。省级科技部门主要围绕国家和全省的重大战略部署,聚焦战略规划、政策引导、整体布局、区域协调以及重大项目推进等工作,弱化微观管理职能。州市县科技部门主要聚焦制度执行、政策操作、具体管理等工作。

深入推进简政放权。取消、下放科技项目审批事项,积极推进"一次不跑"和"只跑一次"的行政审批方式,大力发展电子政务,让广大科研人员能够多跑"实验室",少跑"办公室"。

全面推行政务公开。加大科技信息公开力度,建立顺畅、便捷的科技信息渠道,充分保障科研人员知情权。

着力推进制度创新。认真落实国家深化项目评审、人才评价、机构评估改革、扩大自主权等政策文件,全面"松绑""减负",扩大高校和科研院所的科研自主权,激发科研人员活力。

参考文献

[1] 云南省科学技术发展研究院. 云南省科研院所发展现状调研报告［R］. 2019：1.

[2] 云南省科学技术厅. 2015 云南省科技统计报告［R］. 2015：18.

[3] 云南省科学技术厅. 云南"大仪网"为企业服务搭建平台 优化和促进科技资源共享［EB/OL］.（2014-10-08）. http：//www. most. gov. cn/dfkj/yn/zxdt/201409/t20140930_116001. htm.

[4] 王淑娟. 云南省中药材种植面积保持全国领先［EB/OL］.［2019-3-30］. http：//yn. people. com. cn/n2/2019/0330/c378439-32793338. html.

[5] 徐宪平，等. 国家发展战略与宏观政策（上）［M］. 北京大学出版社，2018.

[6] 中共中央文献研究室. 习近平关于科技创新论述摘编［M］. 北京：中央文献出版社，2016.

[7] 方新. 试论我国科技发展的战略选择［J］. 科技管理研究，1994（1）：7-9.

[8] 王建刚. 联合国预计 2020 年全球经济萎缩 3.2%［Z］. 经济参考报，2020.

[9] 李大伟，季剑军，孔亦舒，等. 2020 年世界经济形势分析与展望［J］. 中国发展观察，2020（Z1）.

[10] 陈文玲. 全球经济形势急转直下，中国当务之急要做好"五防"！［Z］. 昆仑策网，2020.

[11] 肖舒妍. 疫情过后，"全球化"是否会走向终结？［Z］. 新京报书评周刊，2020.

[12] 黄奇帆. 疫情后的产业链［Z］. 产业经营，2020.

[13] 隆国强，张琦，王金照，等. 未来国际经济格局变化和中国战略选择［N］. 经济日报，2019.

[14] 中国科技发展战略研究小组，中国科学院大学中国创新创业管理研究中心.

中国区域创新能力评价报告 2015 ［M］. 北京：科学技术文献出版社，2015.

［15］ 中国科技发展战略研究小组，中国科学院大学中国创新创业管理研究中心. 中国区域创新能力评价报告 2019 ［M］. 北京：科学技术文献出版社，2019.

［16］ 中国科学技术发展战略研究院. 中国区域科技创新评价报告 2019 ［M］. 北京：科学技术文献出版社，2019.

［17］ 刘志迎. 以产业链为主线的中国自主创新道路选择 ［Z］. 三思派，2019.

［18］ 《中国科技人才发展报告（2014）》显示中国成第一科技人力资源大国 ［J］. 中国人才，2015（15）：60.

［19］ 贾宝余，刘立. 积极运用科学思维推进新时代科技创新 ［Z］. 战略前沿技术，2019.

［20］ 丁佳. 太上头了！这 3 位院士怎么净说大实话？［Z］. 科学网，2019.

［21］ 国家统计局社会科技和文化产业统计司，科学技术部战略规划司. 中国科技统计年鉴 2019 ［M］. 北京：中国统计出版社，2019.

［22］ 国家统计局. 中国统计年鉴 2019 ［M］. 北京：中国统计出版社，2019.

［23］ 云南省统计局. 云南统计年鉴 2019 ［M］. 北京：中国统计出版社，2019.

［24］ 云南省科学技术厅，云南省统计局，云南省财政厅. 2018 年云南省科技统计公报 ［EB/OL］.（2019 - 10 - 15）. http：//kjt. yn. gov. cn/show - 25 - 4274 - 1. html.